4시간에 배우는
지구어 에스페란토

4시간에 배우는
지구어 에스페란토

ⓒ 고바야시 쓰카사, 하기와라 요코, 2018

개정판 1쇄 발행 2018년 12월 15일
　　　 2쇄 발행 2021년 1월 31일

지은이　　고바야시 쓰카사, 하기와라 요코
옮긴이　　김영명, 정희자
펴낸이　　서진수
편집　　　좋은땅 편집팀
펴낸곳　　한국에스페란토협회(Korea Esperanto-Asocio)
등록　　　1996년 11월 21일 제1-2133호
주소　　　서울특별시 중구 퇴계로 217, 4층 64호(충무로4가)
전화　　　02)717-6974
팩스　　　02)717-6975
이메일　　kea@esperanto.or.kr
홈페이지　www.esperanto.or.kr

ISBN　978-89-87281-53-7 (03790)

YOJIKANDE OBOERU TIKYUGO ESPERANTO(2006)
Kopirajto ⓒ 2006 de Tsukasa Kobayashi & Yoko Hagiwara
La eldono en la korea lingvo ⓒ 2018 de Korea Esperanto-Asocio estas farata laŭ aranĝo
kun la Hakusuisha.

이 도서의 국립중앙도서관 출판예정도서목록(CIP)은 서지정보유통지원시스템 홈페이지(http://seoji.nl.go.kr)와 국가자료공동목록시스
템(http://www.nl.go.kr/kolisnet)에서 이용하실 수 있습니다. (CIP제어번호 : CIP2018039745)

개정 2쇄

4시간에 배우는
지구어 에스페란토

Esperanto

영어 활용 에스페란토 입문서

지은이 고바야시 쓰카사, 하기와라 요코
옮긴이 김영명, 정희자

KEA

머리말

에스페란토는 1887년 자멘호프가 창안한 인공어입니다. 문법이 16개 조항에 불과하며 현재 전 세계에서 실제로 사용되고 있는 유일한 중립적 지구어(地球語)(=국제어)입니다. 대단히 쉽기 때문에 《전쟁과 평화》의 저자 문호 톨스토이가 "채 2시간도 안 되어 에스페란토를 술술 이해할 수 있게 되었다."라고 하며 에스페란토 보급을 지원했을 정도입니다.

우리가 이런 천재와 같은 시간에 에스페란토를 숙달하기에는 무리라고 해도 영어를 알고 있는 사람이라면 그 두 배인 4시간 정도면 그런대로 배울 수 있지 않을까요? 적당한 교재와 지도자만 있으면 가능하다고 생각합니다.

우리 부부는 그럴 목적의 역할을 할 독습서로 이 책을 썼습니다. 에스페란토 독습서는 지금까지 몇 종류가 출판되어 있지만 배우기에 몇 주일씩 걸리는 과정으로 짜여 있어서 공부하는 이가 중간에 싫증이 나서 학습을 포기하는 경우가 있었습니다. 영어 지식을 이용해서 배우는 시간을 대폭 줄인 것이 이 책의 특징입니다.

일본에서는 중학교에서 영어를 배우고 있으니까, 영어와 비교하면서 에스페란토를 공부한다면 이해하기 쉬운 점이 많습니다. 예를 들면 'estas'는 "~이다."라고 가르치기보다는 "영어의 be동사와 같다"라고 설명하는 것이 더 이해하기 쉬울 겁니다. 단어를 기억할 때에도 영어와 유사한 단어가 78%나 되며, 'fingro'(에스페란토로 '손가락')는 영어의 'finger'를 연상하면 쉽게 기억을 할 수 있을 겁니다. 영어를 그만두고 에스페란토를 배우자고 하는 것이 아니라, 오히려 영어를 이용해서 에스페란토를 배우자고 하는 것입니다.

대학에서 독일어나 프랑스어를 제2외국어로 공부하는 사람들도 적지 않으니까, 이런 외국어들도 연상해서 에스페란토를 쉽게 배운다든지, 반대로 에스페란토를 알고 있으면 외국어를 쉽게 배울 수 있다는 이점도 있습니다.

에스페란토를 배워도 '에스페란토 나라'라고 하는 것은 없습니다. 실제로 에스페란토로 다른 사람들과 교류할 수 있는 것은 에스페란티스토대회나 강습회에 참가할 때나 에스페란토를 구사하는 외국인을 만날 때입니다. 이럴 때에 사용할 수 있는 회화를 익히는 것도 중요합니다. 이 책에서는 예문에 그 방도가 응축되어 있으므로, 제2장을 알게 되면, 우선 읽고, 쓰고, 말하기에 필요한 능력을 충분히 갖출 수 있도록 편집되어 있습니다.

이 책의 목표는 명문장은 아니어도 생각하는 것을 자유롭게 편지나 일기로 쓰거나, 전문 서적이나 논문 이외의 평범한 소설이나 신문 등을 술술 읽을 수 있거나 에스페란토 모임에 참가해서 대화하는 데에 불편하지 않을 정도의 실력을 몇 시간의 학습으로 얻을 수 있게 하는 것입니다.

중학교의 영어수업 같은 학습법을 착실한 정공법이라고 하면 이 책의 작전은 말하자면 게릴라 전법입니다. 중학교에서 3년 동안 영어를 배우면 대략 950~1,100개의 단어를 배우게 되고 쉬운 칼럼이라면 영어 신문도 읽을 수 있을 정도의 실력이 될 겁니다. 그런 정도의 에스페란토 어학력을 겨우 4시간이면 할 수 있다고 하는 것입니다. 알려 주는 대로 공부한다면 단시간에 반드시 다 익힐 수 있습니다. 자국어로 쓰인 책을 읽듯이 에스페란토로 쓰인 책도 쉽게 이해가 되는 쾌감을 꼭 느껴보십시오. 이것을 한번이라도 체험한다면 습관이 되어서 에스페란토의 묘미를 잊을 수 없게 될 겁니다.

그러나 에스페란토도 하나의 언어여서 훌륭한 문장을 쓴다거나 이야기를 하기에는 어느 정도의 노력이 필요한 것은 다른 민족어와 마찬가지입니다.

이 책에서는 명문장의 예로 세계의 문학작품 5편의 서두를 옮겨 놓았습니다. 저작권이나 난이도 관계로 북유럽의 작품이 많지만 번역문과 각 원작의 민족어를 같이 실어 놓았기 때문에 해석을 한다거나 공부하는 데에 여러 가지로 도움이 될 겁니다. 각각의 민족어를 보아도 그 의미를 정확하게 모르는데, 일단 그것을 에스페란토로 옮겨놓으면 쉽게 그 의미를 알 수 있게 되는 즐거움은 또 다르다고 생각합니다. 여기에는 5종류의 외국어밖에 옮겨 놓지 않았지만, 전 세계에는 8,000개나 되는 민족어가 있다고 합니다. 그 모든 언어를 다 안다는 것은 불가능하기 때문에 아무래도 국제어가 필요한 겁니다. 국제어는 번역된 것이 없는 작은 나라의 문학 작품을 읽을 때에도 도움이 됩니다.

모처럼 공부를 시작했어도 얼마 지나지 않아 그만두는 사람이 있는 것은 에스페란토가 다른 외국어와는 달리 특유의 존재감을 갖고 있다는 것을 충분히 이해하지 못 했기 때문이라고 생각합니다. 그래서 문법 이외에, 역사나 다른 면을 소개하는 데에도 꽤 공을 들였습니다. 이 책으로 많은 사람이 단시간에 편하게 에스페란토를 사용할 수 있게 되기 바랍니다.

집필할 때 石野良夫, 北川久, Wilhelm Schmid, 東海林敬子, 中島みほ子, 眞壁禄郎, 山川修一 씨에게서 자료 제공과 조언을 받고, 해외의 많은 에스페란티스토들 특히 프랑스의 M.J.Liné 부인, 네덜란드의 Moerbeek 부부, 스웨덴의 K.Rohdin 부인, 덴마크의 U.Lohse 씨 그리이스의 Y.Azgytopoulou 양의 도움을 받았습니다. 캐나다의 Klivo Lendon 씨에게는 영어의 교열을 부탁드렸습니다.

이번 개정판에는, 1995년에 출간된 이후 독자들의 지지를 받아온 이 책의 CD북을 만들었으며, 칼럼을 새롭게 바꾸고 각종 홈페이지의 소개를 비롯하여 인터넷 관련 정보를 충분히 실었습니다.

2006년 6월 1일

고바야시 쓰카사(小林司), 하기와라 요코(萩原洋子)

개정 한국어판 저자 인사말

안녕하세요!

한국에스페란토협회가 이번에 다시 《4시간에 배우는 지구어 에스페란토》(2006 개정판)를 출판하기로 결정했다는 소식에 기쁜 마음입니다. 이 책의 초판은 남편과 나의 오랜 친구인 김영명 박사님의 주도로 1996년에 《4시간 만에 익히는 지구어 에스페란토》(1995)라는 이름으로 번역되었습니다. 초판에 얽힌 작은 에피소드 하나를 소개하고 싶습니다. 이 책으로 배운 어느 한국인 아가씨가 열렬한 에스페란티스토를 우연히 만났는데 두 사람은 사랑에 빠졌고 마침내 결혼했습니다. 지금 두 사람은 일본에 살고 있습니다. 이 일을 알게 된 우리는 저자로서 매우 자랑스럽습니다. 왜냐하면 저희 책이 한국과 일본 두 나라의 국제 친선에 이바지했으니까요! 이번 개정판도 민족 간 특히 한국과 일본 사이의 소통과 우호 증진에 계속 이바지하기를 진심으로 바라마지 않습니다. 2010년에 세상을 떠난 나의 남편 고바야시 쓰카사도 똑같은 희망을 갖고 있다고 믿습니다.

2018년 9월 27일
(남편의 여덟 번째 기일에)
하기와라 요코

Karaj gesamideanoj:

Mi estas tre ĝoja, ke ĉi-foje denove Korea Esperanto-Asocio decidis eldoni nian esperantan lernolibron 『4時間で覺える地球語エスペラント(改訂版, 2006年)』 en la korean lingvon. Malnova versio de 『4時間で覺える地球語エスペラント(1995年)』 estis tradukita en Korean lingvon kaj eldonita en la jaro 1996 sub la iniciato de D-ro Kim Young Myung, kiu estas daŭre bona amiko de mia edzo Tsukasa Kobayashi kaj mi. Nun mi volas prezenti etan epizodon pri la malnova versio. Iu Korea fraŭlino lerninta pere de tiu ĉi lernolibro, hazarde renkontis iun japanan tre entuziasman esperantiston, kaj ili enamiĝis,kaj fine geedziĝis. Nun ili loĝas en Japanio. Sciinte tiun ĉi aferon, kiel la aŭtoro ni multe fieras, ĉar la libro kontribuis al internacia amikeco inter Koreio kaj Japanio. Mi elkore esperas, ke tiu ĉi nova eldono ankaŭ daŭre kontribuu al la fondo de internacia komunikado kaj amikeco precipe inter Koreio kaj Japanio. Mi kredas, ke mia edzo Tsukasa KOBAYASHI forpasinta en 2010 certe havas saman esperon.

2018. 9. 27.

(en la 8-a datreveno de la forpaso de Tsukasa)

Yoko HAGIWARA

개정판 역자 인사말

살루~톤(Saluton), 안녕하세요?
《4시간에 배우는 지구어 에스페란토(개정판)》를 통하여 여러분에게 인사말을 하게 되어 반갑습니다.

역자(김영명)는 의과대학 1학년 때 Semanto 김태경 선생에게 처음 에스페란토를 배운 이래 평생 이 '희망'의 언어를 떠난 적이 없습니다. 1979년 스위스 루체른에서 열린 제64회 세계 에스페란토대회에 참가한 이래 지금까지 26번 세계대회에 참가하며 세계 여러 나라의 에스페란토 사용자들과 친구가 되어 제 삶이 풍요로워졌습니다.

저희 부부는 이 책의 공저자 고바야시 쓰카사 박사 부부와 1993년 스페인 발렌시아 78회 세계대회에서 만나 같은 의사로서 금방 친해진 사이였습니다. 그런데 1996년 당시 세계에스페란토협회 회장이시던 고 이종영 교수님이 이 책의 초판을 주시면서 우리 부부가 번역하면 에스페란토 소개에 좋을 것 같다고 추천하셨습니다. 마침 일본어를 공부하던 아내가 일본어 부분을, 나는 에스페란토 부분을 맡아 번역 작업을 했습니다.

고바야시 박사는 2006년 이 책의 개정판을 내고 4년 뒤에 그만 하늘나라로 가셨습니다. 늦게라도 자신의 저서가 한국에서 새로운 독자들을 만나게 되어 조금이라도 위로가 되기 바랍니다.

개정판 번역 작업을 도와주신 한국에스페란토협회 허성 사무국장, 최정철 박사, 유영애 선생 세 분과 '한국에스페란토 운동의 어제와 오늘' 부분을 집필해 주신 전경덕 선생, 출판 기획을 해주신 이용철 선생에게 감사드립니다. 번역을 허락해 주시고 출판권 사용료를 대납해 주신 저자 하기와라 요코님과 하쿠슈이샤 출판사 及川直志 사장님께 깊이 감사드립니다.

2018년 12월

역자 김영명, 정희자

[개정 2쇄 역자 인사말]

2018년 12월 출간한 개정판이 독자 여러분의 성원으로 2년 만에 매진되었습니다. 이번에 개정 2쇄를 펴내며 여러 오류를 바로 잡았습니다. 한국 에스페란토 운동을 계속 후원해주시는 저자 하기와라 요코 선생님께 감사드립니다. 오류 바로 잡는 일을 도와 주신 전대봉 선생님께도 감사드립니다.

2021년 1월

역자 김영명, 정희자

차례

제3장 에스페란토 기본단어집 ~~~~~~

제1장

라자로 루도비코 자멘호프(1859~1917)

그는 1887년에 '저자 에스페란토(희망하는 사람) 박사'라는 필명을 사용해서 《국제어》라고 하는 팜플렛을 발표했으며, 나중에 제안된 국제어 자체가 '에스페란토'라고 불리게 되었다.

에스페란토의
상식

1. 에스페란토란 무엇인가?

에스페란토는 1887년 폴란드의 안과의사 라자로 루도비코 자멘호프(1887~1917)가 창안한 국제어(지구어)입니다. 주로 로망스계 언어와 게르만계 언어로부터 단어를 채택하고 유럽 여러 나라 언어 문법의 엣센스만을 뽑아 모아 겨우 16개의 문법이 있을 뿐입니다. 단어도 접두사나 접미사를 붙여 10배 정도로 늘려서 사용할 수가 있어서, 만약 500개의 단어를 익히면 5,000개의 단어를 배운 것과 같은 효과가 있고, 일상생활의 소통에는 불편하지 않습니다. 파리대학의 샤를르 리쉐 교수는 "에스페란토는 이탈리아어처럼 음악적이고, 프랑스어처럼 명쾌하고 그리스어와 같이 완전하다."라고 표현했고, 또 다른 사람도 "독일어처럼 정확하다."라든가 "영어처럼 실용적이다."라고 말하고 있습니다.

각 민족은 그 민족끼리는 자신의 민족어를 사용하고 다른 민족과 교류할 때에는 국제 공통어를 사용하자는 것이 에스페란토의 생각입니다. 인공적 국제어라면 모든 민족에 대해서 평등하고 어떤 민족어도 아닌 중립적인 '징검다리 언어'입니다. "민족어를 사용하지 말고 전 세계 사람들에게 에스페란토를 사용하게 합시다." 라는 것은 아닙니다.

그러나, 정부 간의 교섭이나 국제회의에는 영어를 사용하고 있는 것이 현실이어서 그것을 내일부터 에스페란토로 변경한다는 것은 어렵겠지요. 그렇다면 이제부터 얼마 동안은 "정부는 영어를 사용하게 두더라도, 우리 민중 개인 수준의 국제적인 만남에는 에스페란토를 사용합시다."라고 하는 것이 '민제어(民際語)'라는 생각입니다. 이 민제어라고 하는 것은 일본의 에스페란티스토(=에스페란토 사용자)인 미야모토 마사오(宮本正男)가 1980년경에 제안한 새로운 용어입니다.

 자멘호프가 에스페란토를 창안했을 때 《전쟁과 평화》의 저자 문호 톨스토이는 그 취지에 전적으로 찬성하고, "에스페란토를 확산시키는 것은 신의 나라를 만드는 것이다."라고 했습니다. 인류는 2천 년에 걸쳐서 수많은 차별에 괴롭힘을 받아왔지만 19세기부터 20세기에 걸쳐서는 "차별로부터 인류를 해방시키자."라고 하는 여러 가지 운동이 일어났습니다. 남녀 차별 등도 그 표적의 하나입니다. 빈부 격차를 없애려는 생각을 한 것은 마르크스였습니다. 언어에 의한 차별을 없애려고 한 것은 자멘호프였습니다. 현재까지 정말로 이 100년이야말로 차별로부터 '인류 해방의 시대'였던 것입니다. 프랑스의 노벨상 작가 로망 롤랑이 "에스페란토는 인류 해방의 무기다."라고 말한 것도, 또 톨스토이의 말도 그런 생각에 근거를 두고 있겠지요.

 "에스페란토는 인공어이고 게다가 에스페란토라는 나라나 영토도 없으니까 문화도 없다. 문화가 없는 언어는 존재 가치가 없다."라고 하는 주장이 있습니다, 흔히 문화라는 것은 "학문·예술·종교 등 인간의 정신활동의 산물"입니다. 정확히 107년 전에 오직 자멘호프 혼자서 에스페란토를 사용하던 때에는 아직 에스페란토 고유의 문화는 없었을지도 모르지만, 이 100년 사이에 에스페란토 문화가 생겨났다고 생각합니다. 미국의 역사도 이것과 비슷합니다. 영국인, 이탈리아인, 폴란드인, 유태인, 멕시코인, 아프리카에서 끌려온 노예들 등의 여러 민족이 혼합되어 미국인을 형성하고 각각의 민족은 고유의 문화를 계승하는 것이 틀림없지만, 건국 후 100년이 지났을 때에는 독특한 아메리카 문화가 만들어져 있던 것을 부정할 사람은 없을 겁니다. 나라도 아니고 영토조차 없기는 해도 일본인, 영국인, 이탈리아인 등이 공통의 언어 에스페란토로 교류하며 만날 때 일본의 에스페란토 사용자는 일본

문화를 계승하고 동시에 다른 일본인과는 다른 정신구조를 갖겠
지요. 특유의 국제적인 견해를 갖고 상대의 입장에 서서 외국인을
대하고 인류애와 정의감이 강하다고 하는 점이 공통의 심리적인
특징이라고 말할 수 있을지도 모르겠습니다. 그런 에스페란티스토
들의 정신구조가 독특한 에스페란토 문화를 만들지 않을 수가 없
다고 생각합니다. 에스페란토만을 공통의 언어로 하는 다른 민족
의 남녀가 결혼하고, 태어난 아이가 에스페란토로 말하고 에스페
란토 문학을 읽으며 자라고 있습니다. 그런 에스페란토 사용자 가
족이 많이 있습니다. 거기에 에스페란토 문화가 없다고 말할 수
있을까요?

2. 창안자 자멘호프는 어떤 사람인가?

　라자로 루도비코 자멘호프(1859~1917)는 1859년 12월 15일,
동유럽 리투아니아의 작은 도시 비얄리스토크에서 교사의 아들로
태어나, 안과의사가 되었습니다. 이곳은 그 무렵 러시아가 점령한
폴란드의 일부여서 산업혁명의 물결이 서서히 밀려와서 직물업의
중심지로 되어 있었습니다. 현재는 폴란드의 동쪽 끝 러시아와의
국경 가까이 위치해 있습니다. 당시는 러시아의 노예제도가 1861
년에 폐지되기는 했지만, 러시아의 제국주의가 폴란드인들을 압박
하고 있었습니다. 퀴리 부인의 전기에도 밝혀져 있는 것처럼 학교
에서는 폴란드어로 말하는 것까지도 금지시키고, 러시아어 사용을
강요하고 있었습니다.
　리투아니아인, 폴란드인, 러시아인, 독일인, 유태인 등이 뒤섞여
살던 이 마을에서는 말이 통하지 않아서 생기는 싸움이 끊이지

않았습니다. 그것을 매일 보고 자란 자멘호프가 각 민족에게 공통의 언어가 있으면 이런 싸움도 줄어들 것이라고 생각한 것도 당연한 일입니다.

더하여, 그가 유태인이었던 것도 국제어를 창안한 커다란 요인이 되었습니다. 유태인은 유랑민이라고 해서 편견과 차별을 계속 받아 왔습니다. 유태인은 학교에서 받아 주지 않고, 청소부 등의 정해진 직업밖에 취직이 허락되지 않는 등 많은 차별로 괴롭힘을 받아왔습니다.

1881년 러시아에서 일어난 알렉산드르 2세의 암살 사건의 범인은 폴란드 사람이었는데 러시아 정부가 유태인이 했다고 소문을 퍼뜨려서 러시아 전역에서 유태인 대학살이 맹위를 떨쳐 하루에 15,000명이나 죽임을 당할 정도였습니다. 1881년 12월 25일에 바르샤바에서 일어난 대학살 때에는 자멘호프 일가도 지하실에 숨어 공포로 부들부들 떨면서 밤을 지새웠습니다.

이미 1878년에 국제어 lingwe universala의 초안을 완성해 놓은 그는, 이 대학살의 현실을 앞에 두고 언어만으로 민족차별을 없애기는 어렵다는 것을 알고 잠시 동안 이스라엘의 시오니즘 운동에 열심이었습니다. 그러나 그것이 결국은 유태인의 민족주의에 지나지 않는다는 것을 알고 운동을 그만두었습니다. 그리고 1887년 7월 14일에 에스페란토 박사라는 필명으로 국제어의 창안을 발표하고 톨스토이 등 많은 지식인으로부터 지지를 받았습니다. 자멘호프도 초기에는 이 국제어를 공통의 언어를 갖지 않은 유태인을 위해 소통의 도구로 역할을 하고 싶다고 생각했지만, 국제어의 진정한 사명은 다른 민족과의 사이에 우애와 정의를 키우는 것에 있다고 통감하고, 그러기 위해 노력합니다. 1905년에 프랑스의 불로뉴 쉬르 메르에서 제1회 에스페란토대회가 열렸을 때 세계 각국의 사람들이 사이좋게 하나의 언어를 사용해서 교류하는 현실을 보고 그 결의는 더욱 굳어졌습니다.

그러나 '언어만으로는 이 목표를 달성할 수 없으니까, 종교적인 대립을 해결하지 않으면 안 된다.'라는 생각이 점차로 강해져, 일찍이 1901년에 생각하고 있던 힐렐리즘이라는 각 종교 간의 다리 역할을 하는 국제종교를 널리 알리고 싶다는 생각이 들었습니다. 언어에 있어서 에스페란토 역할 같은 것을 종교 측면에서도 생각했던 것입니다. 그 핵심은 '자신에게 해 주기 바라는 대로 다른 사람에게도 해 주세요.'라고 하는 것입니다. 그렇지만 이것도 아직 민족주의 냄새를 완전히 해소할 수 없었던 것을 반성하고 인류애에 불타는 자멘호프는 1906년에는 인류인주의(人類人主義)라고 하는 사상에 생각이 미쳤습니다. '자신은 인류의 일원이고 다른 민족에 대해서 어떤 편견과 차별도 갖지 않는다.'라는 것이 그 사상의 골자입니다.

세계 인류의 평화를 원하고 모든 민족 간의 편견과 차별로부터 인류를 해방하기 위해 언어와 종교 면에서 전력을 다해 싸운 자멘호프는 에스페란토에 의한 위대한 저작을 남기고, 제1차 세계 대전의 전화(戰火)가 아직 꺼지지 않은 1917년 4월 14일에 바르샤바에서 심장병으로 운명을 달리하였습니다. 향년 57세였습니다.

3. 국제어의 역사

지구상에는 주요한 언어만도 3,500종, 소수의 사람들이 사용하는 언어까지 더하면 약 8,000종의 언어가 존재한다고 합니다.

그러나 체코의 과학자이며 철학자였던 코멘스키(1592~1670)는 1641년에 저서 《Via Lucis》에서 "자연어와 비교할 수 없을 만큼 배우기 쉬운 보편적인 보조언어를 인류가 사용할 때가 올 것"이라고 예언했습니다. 철학자 라이프니츠(1646~1716)는 1666년, 20세 때 숫자의 조합으로 세계어를 만들려고 했습니다. 그밖에 라틴어를 간결하게 해서 문법을 규칙적으로 한 국제어도 계획하였습니다. 같은 철학자였던 데카르트(1596~1650)는 1629년에 다음과 같이 말했습니다. "동사 변화, 어미 변화, 단어의 배열은 단 하나의 규칙에 따르고, 결여형이나 불규칙 변화가 없이 명사나 동사의 변화와 구문법(構文法)과는 어간의 앞뒤에 붙이는 접두사·접미사에 의해서 표시되고 이 접두사·접미사는 사전에 열거되어 있다. (중략) 반드시 세계공통어를 실현시키고 싶다." 이런 생각은 에스페란토와도 똑같이 일치합니다. 그 밖에도 많은 사람이 국제어안을 만들었습니다. Sjudr(1817~1866)가 고안한 Solresol이라고 하는 음악어는 멜로디를 연주하면 의미가 전해지는 구성입니다. 그러나 이들의 안은 기억하기가 어렵기 때문에 실용화되지 못했습니다.

정말로 사용할 수 있는 국제어를 처음으로 만든 것은 독일의 카톨릭 신부였던 요한 마르틴 슐라이어(1831~1912)로, 볼라퓌크(Volapük)라고 하는 언어를 1879년에 발표했습니다. 그러나 복잡하기 때문에 슐라이어 자신도 이 언어로 말할 수 없었다고 합니다. 그리고 8년 뒤 1887년, 폴란드의 자멘호프가 에스페란토를 발표했습니다.

그 뒤에 에스페란토를 개조한 것이 23건이나 공표되었지만 모두 개인적인 실험으로 끝났습니다. 그 외에도 현재까지 등장한 Interlingua 등 10종류 정도의 국제어안도 실용화되지 못하고 사라지고 있습니다.

새로운 국제어를 만들기보다는 지금 널리 사용되고 있는 영어를 다소 간략화해서 그것을 국제어로 사용하려고 하는 운동도 있습니다. 동남아시아에서 사용되고 있는 사투리 같은 영어(피진 잉글리쉬)는 이미 실용화되었고, 영국의 심리학자 C.K.오그덴 (C.K.Ogden, 1889~1957)의 기초영어(Basic English)도 그 일례지만, 널리 퍼지지는 못했습니다.

국제어로서 에스페란토만이 살아남은 이유는 언어로서 뛰어난 점 외에 창안자 자멘호프의 인격과 초기의 지지자로 뛰어난 사람이 있었다는 것, 보급 운동이 시대의 움직임의 물결에 같이했다는 점 등 몇 가지의 요소가 있습니다. 이유가 어쨌든 세계 각국의 라디오 방송에 사용될 정도로 보급된 것은 에스페란토 하나뿐입니다. 1887년에는 자멘호프 한 사람만이 알고 있었는데 현재는 약 100만 명(펭귄북스 《언어와 말의 백과사전》에 의함)이 에스페란토를 유창하게 구사하고 있다는 사실은 누구도 부정할 수 없습니다. 에스페란토는 유럽의 각 언어에서 좋은 점만을 모아놓은 형태여서 유럽 이외의 민족에 있어서는 서로 다른 언어이고 배우기에 불리하지만 전 세계의 언어를 혼합한 국제어가 존재하지 않기 때문에 현 상태에서는 에스페란토로 만족할 수밖에 없습니다.

4. 영어는 국제어인가?

항공기의 발달과 함께 세계는 좁아졌고 국제교류가 왕성하게 되자 싫든 좋든 외국인을 접할 기회가 많아져서 언어가 통하지 않으면 아주 곤란합니다.

국제회의에서도 서로 상대의 말을 이해하지 못하면 대화가 되지 않기 때문에 회의의 공용어가 지정되어 있습니다. 국제연합에서 영어 외에 프랑스어, 러시아어, 중국어, 스페인어, 아랍어 등 모두

6개 언어가 공용어로 사용되고 있듯이, 유럽연합(EU)에서도 영어와 나란히 11개의 공용어가 지정되어 있고 회의의 번역료로만 예산을 다 써버린다고 비명을 지르고 있습니다. 어쨌든 모두가 이해할 수 있는 하나의 국제공용어가 있으면 좋겠다고 생각하는 것은 누구라도 같겠지요.

각종 국제회의와 외교 등에서는 영어가 마치 공용어처럼 쓰일 때가 많기 때문에 국제공통어로서는 영어로 충분하다고 생각하는 분들도 많으시지요. 그러나 정말로 영어로 만족하냐고 하면 그렇지 않다고 하는 분들도 많으시겠지요. 주된 이유로 3가지가 있습니다. 첫째, 전 세계의 모든 사람들이 영어를 알고 있지 않다는 것입니다. 해외여행을 경험한 사람이라면 언어 문제로 힘들었던 경험도 있으시겠지요. 영어가 통하지 않는 나라도 많은 것은 사실입니다. 일본에 있으면 세계 어디에서나 영어가 통용될 것 같은 착각을 하고 있지만, 프랑스, 스페인, 동유럽 등에 가면, 영어가 통하지 않는 것이 그다지 이상한 것이 아닙니다. 지금 세계의 인구는 57억이라고 합니다. 그중에 영어인구는 7억 5천만 명이니까, 나머지 49억 5천만 명은 힘들게 영어를 배우지 않으면 안 됩니다. 두 번째는 영어를 모국어로 하는 사람들 외에는 불리하다는 것입니다. 만약 영어를 국제어로 정한다면, 영어권의 사람과 논쟁을 하거나, 거래를 하거나, 재판의 변호를 하거나 할 때에는 계속해서 불리하다고 생각되지 않나요? 세 번째는 영어를 배운다는 것은 언어로서도 상당히 어렵다는 겁니다. 자유자재로 영어로 말할 수 있는 우리나라 사람이 도대체 얼마나 있을까요?

국제이해를 위해서는 특정의 민족어를 세계에서 강제적으로 사용하게 하면 좋다고 하는 사람도 있습니다. 만약 어느 특정의 민족어를 국제어로 지정하면 언어에 우선순위를 정하여 계층화·차별을 하게 되고, 인간의 계층화와 차별을 만들어 낼 것입니다. 현

단계에서 국제적으로 통용되는 언어는 강대국의 언어이며 사실상 언어제국주의에 의한 문화적 침략이라고 생각해도 좋겠지요. 영어라고 하는 언어의 지배, 억압, 차별을 간파하고, 언어적 침략을 직시하며 그 편리함과 문화성에 속지 않는 것이 중요합니다.

어떤 민족어를 국제공통어로 지정하면, 이해관계나 권위의 상실, 학습의 어려움 등의 문제도 생기게 됩니다. 영어가 세계적 규모의 힘을 갖게 된 것은 언어 이외의 힘(문화, 사회, 정치, 경제, 무력)에 의한 것이 많기 때문에 좀 더 언어 자체가 우수한 것을 국제어로 선택해야 합니다. 이제부터의 세계는 많은 민족이 많은 언어를 사용해서 많은 문화를 보전하고 공생하는 세계입니다. 영어는 8,000종이나 되는 민족어 중의 하나에 지나지 않고 영어로 말할 수 있다는 것과 국제인이라고 하는 것은 별개의 문제입니다. 이러한 의식개혁을 하고, 영어 중심 사상에서 벗어날 수 있느냐 없느냐에 따라 앞으로 진짜 국제인으로서 활약할 수 있는 열쇠가 되겠지요. 많은 민족이 많은 언어로 공생해 가는 경우에 서로의 의사를 통하게 하기 위해서는 전달 도구로서 공통의 중립 언어가 아무래도 필요하게 됩니다. 인도나 아프리카 같이 많은 언어가 난립해 있어서 어려움을 겪고 있는 사람들이 많지 않습니까? 단지 다수결에 의한 것이 아닌, 좀 더 배우기 쉽고 게다가 아름답고 실용적인 중립의 국제공통어를 채택함으로써 의사소통을 도울 수 있습니다. 현실을 직시하고, 언어차별 없이 지구상의 사람들이 조금이라도 쾌적하게 함께 살 수 있도록 국제어를 확산시키고 싶습니다.

5. 세계 에스페란토 운동의 발자취

폴란드의 안과의사 자멘호프가 에스페란토를 발표한 것은 1887
년 7월 14일이었습니다. 그 2년 뒤에는 벌써 독일의 뉘른베르크
에 세계 최초의 에스페란토회가 생기고, 1889년 9월에는 이 단
체가 〈La Esperantisto〉라고 하는 잡지를 창간하였습니다. 그러
나 발행에 어려움을 겪게 되어 1년 뒤 자멘호프가 인수하였으며,
러시아 정부로부터 감시를 받고 있던 톨스토이의 논문을 잡지에
실었기 때문에 1895년에 러시아 정부에 의해 강제로 폐간되었습
니다. 이후 스웨덴의 웁살라에서 〈Lingvo Internacia〉(국제어)로
이름을 바꾸어 출간하고, 발행처를 헝가리와 프랑스로 옮기면서
1914년까지 계속 발행되었습니다.

발표 후 7~8년이 지나자 에스페란토 사용자들의 국제적인 방문
이 왕성해지고 1905년에는 프랑스의 불로뉴 쉬르 메르에 688명
이 모여 제1회 세계에스페란토대회를 개최할 정도로 성장했습니
다. 그 후에는 전쟁기간을 제외하면 매년 세계대회가 각국을 돌아
가면서 열려, 1987년의 발표 100주년을 축하하는 제72회 세계대
회에는 바르샤바에 5,946명이 모였습니다. 1994년 한국 서울에
서 열린 제79회 대회에는 일본에서도 512명이나 참가했습니다.

제1회 세계대회에서는, Lingva Komitato(언어위원회)가 설립되
어 어학상 중심기관이 되어 에스페란토의 순수함을 지키고 이 언
어가 올바른 길을 따라 발전하고 정상적으로 진화해 갈 것을 보
증하게 됩니다. 1908년의 제4회 대회에서는 그보다 더 상급기관
인 Akademio de Esperanto(에스페란토학술원)도 출범했습니다.
1900년 이래로 18회나 회의를 거듭해서 좀 더 우수한 국제어를
선택하려고 한 파리의 '국제어선정 대표자 회의'에서는 에스페란

토를 채택하기로 결정했지만 그 자리에서 보프롱이라는 에스페란티스토가 자신이 만든 'Ido'라고 하는 국제어안에 따라 에스페란토를 수정하자는 의견을 냈습니다. 언어위원회는 이 안을 거절했고 다행히 수정은 하지 않았지만, 만약 이때 수정을 했었다면 그것을 기회로 해서 에스페란토는 끝없는 수정을 계속해야 했을 것이고 지금쯤은 아마 없어졌겠지요.

이런 위기 상황에 에스페란토 사용자들 사이에 동요가 있었기 때문에 단결을 확고히 하기 위해 1908년 스위스의 유명한 화가 페르디낭 호들러의 아들인 헥토르 호들러와 프랑스의 T.루소가 'Universala Esperanto-Asocio(UEA, 세계에스페란토협회)'를 창립했습니다. 이 협회는 지금까지도 세계의 에스페란토 사용자들을 하나로 묶어 주는 역할을 하고, 네덜란드의 로테르담에 본부를 두고 매년 세계대회를 주최하고 있습니다. 그러나 그 정치적 중립주의에 만족하지 않는 진보적인 사람들은 프랑스의 란티를 중심으로 'Sennacieca Asocio Tutmonda(SAT, 세계무민족성협회)'를 1921년에 창립했습니다.

제1, 2차 세계대전 중에는 에스페란토가 다른 민족 간의 우애와 정의, 평화를 목표로 국제교류에 의한 정보 교환을 하고 있어서, 그것을 두려워한 각국 정부가 에스페란토 운동을 탄압하고 소련과 나치독일, 일본 등에서 에스페란티스토들이 박해를 받았습니다. 소련에서는 스탈린의 피해망상으로 숙청을 당하고 많은 훌륭한 에스페란티스토들이 단지 에스페란토를 안다는 이유 하나만으로 강제수용소에 보내지거나 죽임을 당하는 등 도저히 믿어지지 않는 일이 일어났습니다.

그러나 전쟁이 끝나자 에스페란토는 다시 왕성하게 되고 평화운동과 민간교류, 국제설문조사, 국제적인 교과서 만들기 등에 활용되고 있습니다. 1954년부터는 국제연합의 유네스코와 세계에스페란토협회가 협력하게 되고, 현재도 이 협력 활동은 계속되고 있습니다. 국제화의 파도는 강해지고 있어서 앞으로 에스페란토의 활약이 한층 많아지겠지요.

6. 한국 에스페란토 운동의 어제와 오늘

한국인 최초의 에스페란티스토는 홍명희(소설가·독립운동가, 1888~1968)로 알려져 있습니다. 김억(1896~?)이 유학 중 일본에서 에스페란토를 배운 다음, 1920년 귀국하여 서울 YMCA에서 강습회를 열고 조선에스페란토협회를 창립한 것이 한국 에스페란토 운동의 시작이라고 할 수 있습니다.

《에스페란토 독본》(신봉조, 1923), 《에스페란토 독학》(김억, 1923), 《세계공통어 에스페란토 독습》(원종린, 1925) 등 최초의 교재가 출간되고, 김억과 백남규는 각각 조선일보와 동아일보에 100회에 걸쳐 에스페란토 강좌를 연재하였습니다. 문학(김억, 이광수, 황석우 등), 교육(백남규, 신봉조), 과학(석주명), 정치(홍명희, 박헌영) 등 여러 분야에서 에스페란토 운동의 선구자들이 활동하였습니다. '나비 박사' 석주명(생물학자·언어학자, 1908~1950)은 논문을 에스페란토로 발표하였습니다. 해외에서는 안우생(1907~1991)이 중국에서 루쉰의 《광인일기》를 번역하였고, 정사섭은 프랑스에서 원작 시집 《La Liberpoeto(자유시인)》을 출간했습니다.

1945년 다시 독립을 찾게 되자 12월에 조선에스페란토학회가 창립되고, 1946년부터 에스페란토대회도 개최되었습니다. 그러나 1950년 한국전쟁으로 운동은 중단되고, 부산의 이재현, 대구의

최해청·홍형의·서병택·김익진에 의해 겨우 명맥만 유지하고 있었습니다. 1957년 대구에서 '한국에스페란토학회'가 재건되며, 청구대학을 중심으로 홍형의, 김태경, 이종영 등이 대중 강습과 학교 강습을 활발히 전개하였습니다.

전쟁의 상처가 아물고 사회가 차츰 안정되자 수도 서울은 문화 활동의 중심지로 다시 자리를 잡기 시작하였습니다. 대구에서 활동하던 김태경이 1963년 서울에서 대중강습을 시작하고, 1964년 '한국에스페란토협회(Korea Esperanto-Societo)'(회장 이은상)를 설립하자 운동 단체는 대구의 '학회'(최해청, 홍형의)와 이원화되었습니다. 뒤이어 다른 여러 단체가 생김으로써 운동 단체 다원화되었으나 최봉렬, 이낙기 등의 노력으로 1975년 '한국에스페란토협회(Korea Esperanto-Asocio; KEA)'로 통합되었습니다.

에스페란토는 명지대, 단국대, 경희대, 원광대 등 전국의 여러 대학교에서 정식 강의과목으로 채택되었습니다. 석주명, 홍형의, 김태경, 정종휴, 서길수, 정원조, 조성호, 마영태, 박기완, 이중기, 이영구 등 여러 저자에 의한 교재가 출판되었고, 이재현(독립운동가, 1917~1997)과 마영태가 편찬한 에스페란토사전은 지금도 사용되고 있습니다. 서울에스페란토문화원(원장 이중기)은 매월 정기 강좌를 300기 이상 진행하여 국제어 보급에 공헌하고 있습니다. 매년 에스페란토대회를 개최하여 2018년 50차 대회는 일본과 공동으로 나라시에서 열었습니다.

출판 분야의 대표적인 작업은 《Korea Antologio de Noveloj》(한국단편소설선집)(2017 개정판)와 김억 등 한국 에스페란토 운동의 선구자 15명의 추모문집 시리즈입니다. KEA는 협회 기관지 〈La Lanterno Azia〉를 1975년부터 44년째 매월 발행하고 있습니다. 한무협은 〈La Espero〉라는 순 에스페란토 잡지를 100회 이상 발행하여 한국을 전 세계에 알렸습니다.

원불교에서는 에스페란토를 통하여 국제 포교활동을 하고 있습니다. 원불교 경전을 에스페란토로 번역하여 사용하고, 세계에스페란토대회(UK)에 원불교분과회가 있으며, 매년 국내외 에스페란티스토를 대상으로 국제선방을 개최하고 있습니다.

한국은 1994년(서울, 워커힐호텔)과 2017년(서울, 한국외국어대학), 두 번에 걸쳐 세계에스페란토대회를 개최하였습니다. 세계에스페란토협회(UEA)에서도 회장(이종영, 1995~1998)과 임원(서길수)을 역임했으며 현재도 재선 임원(이중기, 2016~2019)과 지역담당위원장(서진수, UEA-KAEM: 아시아-오세아니아 위원회)으로서 지도자 역할을 하고 있습니다. 2017년에는 국제에스페란토교육자연맹(ILEI)과 세계무민족성협회(SAT)의 연차총회도 각각 부산과 서울에서 개최한 바 있습니다.

현재 한국은 아시아 지역 에스페란토 운동의 핵심 자원 역할을 하고 있습니다.

북한의 에스페란토 운동을 간단히 소개합니다. 북한에서 1964년에 이미 에스페란토 사전을 발간하였고 1959년 자멘호프 탄신 100주년 기념회를 평양 주재 외국 대사 등 100여 명이 참석하여 성대히 거행했습니다. UEA에 '조선에스페란토협회' 이름으로 가입했었고, 한때는 평양국제방송에서 에스페란토방송을 하기도 했으나 현재 상황은 알려진 것이 없습니다.

7. 일본 에스페란토 운동의 개요

1887년 7월에 폴란드에서 에스페란토가 발표되자 다음해 5월에 재빨리 요미우리신문에 그 일이 보도되었습니다. 1891년에는 독일의 프라이부르크에 유학중이던 동물학의 진화론자 오카 아사지로(1868~1944)가 에스페란토를 독습했습니다. 후에 그의 아이들 4명도 에스페란토 사용자가 되었습니다. 작가인 후다바데이 시메이(하세가와 다츠노스케, 1864~1909)는 러시아의 블라디보스톡에 체재중인 1902년에 에스페란토를 배우고, 귀국 후 1906년에 입문서 《세계어》와 《세계어독본》을 도쿄에서 출판해 베스트셀러가 되었습니다.

1906년 '일본에스페란토협회(Japana Esperantista Aocio, JEA)'가 창립되며 처음으로 조직적인 운동이 시작되었습니다. 1908년 독일의 드레스덴에서 열린 제4회 세계에스페란토대회에는 언어학자인 신무라 이즈루(1876~1967)가 일본정부대표로 참가했습니다.

1915년에는 바하이교의 포교로 아그네스 B.알렉산더(1875~1971)가 일본에 와서 오오모토교의 데구치 오니사부로(1871~1948)에게 에스페란토를 가르쳤기 때문에 오오모토교단이 전면적으로 에스페란토를 채용하게 되고 1923년에는 에스페란토 보급회(Esperanto Propaganda Asocio de Oomoto, EPA)를 설립하고 에스페란토로 해외 포교 활동을 하게 되었습니다.

일본에스페란토협회는 구로사카의 방만한 경영으로 인해 잡지도 낼 수 없게 되고 운동도 부진했기 때문에 오사카 켄지(1888~1969) 등이 1919년에 일본에스페란토학회(Japana Esperanto Instituto, JEI)를 창립했으며, 그 이후에는 JEI가 일본 운동의 중심이 되었습니다.

태평양 전쟁에 패하고 나서는 1951년에 창립된 간사이에스페란토연맹(Kansaja Ligo de Esperanto-Grupoj, KLEG)을 중심으로 해서 에스페란토로 원자폭탄 반대와 반전평화운동이 활발하게 전개되었습니다. 1965년에는 제50회 세계에스페란토대회를 아시

아에서 처음으로 도쿄에서 개최했습니다. 일본의 에스페란티스토
는 단체에 소속되어 있는 사람이 4,000명 정도, 무소속인 사람들
까지 합하면 10,000명 정도로 추정됩니다. 1994년에 서울에서
열린 제79회 세계에스페란토대회에는 512명의 일본인이 참가하
고, 2007년에는 요코하마에서 제92회 세계에스페란토대회가 열
렸습니다.

8. 에스페란토 문학의 발전

에스페란토로 읽을 수 있는 문학 작품으로는 세계 각국에서 번
역된 많은 명작과 처음부터 에스페란토로 쓰인 원작 문학이 있습
니다. 에스페란토 문학의 발전을 4단계로 나누어 1. 시험작 시대
(1887~1905), 2. 고전시대(1905~1914), 3. 1·2차 세계대전 사
이의 시기(1917~1939), 4. 제2차 세계대전 후(1945~현재)로 구
분해 봅시다.

최초의 원작 작품은 1887년에 에스페란토를 처음으로 발표한
《제1서》에 있는 자멘호프의 〈나의 생각〉과 〈오, 나의 마음〉이라고
하는 두 편의 시입니다. 그러나 이런 원작문학이 제대로 자라기
위해서는 우선 충분하게 예술적 표현이 가능한 문학어로서 에스
페란토를 가다듬을 필요가 있습니다. 그래서 자멘호프를 비롯해서
많은 에스페란티스토들은 우선 모국어로 쓰인 문학작품을 에스페
란토로 번역하는 일에 열심이었습니다. 이 시기의 중요한 작품은
나중에 《Fundamenta Krestomatio》(기본문선, 1908)에 수록되
었습니다. 자멘호프의 뒤를 잇는 공헌자는 폴란드의 Antoni
Grobowski(1857~1921,   그라보우스키)와   KABE(Kazimierz

Bein)(1872~1959, 카베)였습니다. Grabowski는 자멘호프와 처음으로 에스페란토로 대화를 나눈 사람으로 뛰어난 어학력을 살려서 푸쉬킨의 〈La Neĝa Blovado〉(눈보라)를 자멘호프의 제1서에 있는 기본단어 917개 외에 1단어만 추가해서 번역해 보여 주었습니다. 각국 시선(詩選)을 만들며 새로운 문학적 어휘를 에스페란토로 채택해서 에스페란토가 풍부한 언어력을 발휘하는 데 온힘을 기울였습니다. 만년에 번역한 Mickiewicz의 폴란드 민족서사시 〈Sinjoro Tadeo〉(판 타데우시, 1921년 발행)는 제1차 세계대전 무렵의 최고 번역문학 작품입니다. KABE는 많은 폴란드 문학 작품을 유려하고 아름다운 에스페란토로 번역했습니다. 특히 유명한 것은 이집트의 고대왕조를 그린 Prus의 역사소설 《La Faraono》(파라오) 3권으로 그 번역 문장은 에스페란토의 모범이 되었습니다.

제2기에는 에스페란토 원작 문학도 차례로 활발하게 창작되었으며, 대표적인 작품은 Valienne의 장편대중소설 《Kastelo de Prelongo》(프레롱고 성)과 《Ĉu Li?》(그 사람이야?)로 각각 500페이지 정도의 대작입니다.

이렇게 에스페란토 문학은 제1차 세계대전 전의 형식과 내용을 정리하고, 민족 문학과 동등한 수준으로 될 수가 있게 되었습니다.

제1차 세계대전이 끝나자 제3기에 들어가고 헝가리의 바기와 칼로차이를 중심으로 잡지 〈Literatura Mondo〉(문학세계 1922~1926, 1931~1938)에 사람들이 눈부신 문학 활동을 보였습니다. 시인이자 배우였던 Julio Baghy(1891~1967, 바기)는 몇 권의 시집을 냈으며, 별도로 시베리아에서의 포로생활을 그린 서정적인 소설 《Viktimoj》(희생자들)을 저술했습니다. Kolomano Kalocsay(1891~1976, 칼로차이)는 감염내과 의사로 각국의 번역시를 모은 《Eterna Bukedo》(영원한 꽃다발)을 편집했고, 단테의 신곡 《Infero》(지옥편) 등을 집중해서 번역했습니다. Edmond Privat(1889~1962, 프리바)는 《Vivo de Zamenhof》(자멘호프의 생애)를 열정적인 문체로 써서 에스페란토 문학의 새로운 가능성을 열었습니다. Kalocsay의 원작시집 《Streĉita Kordo》(늘어진 현)와 단테의 《Infero》는 문학의 언어로서 에스페란토가 완전하다는 것을 알렸습니다. 자멘호프의 딸 Lidja(1904~1942?)는 시엔키에비츠의 《Quo Vadis?》를 번역했고, Eŭgeno Lanti(1879~1947, 란티)는 간결하고 격정적인 문체로 《For la Neŭtralismo》(중립주의를 버리자) 등의 프롤레타리아 에스페란토 운동 책을 썼습니다. 이 운동의 동지인 Vladimir Varankin(1902~1937, 바란킨)은 《Metropoliteno》(지하철)을 냈습니다. 이 시기에는 각국의 문학선집도 연달아 출판되어 에스페란토 문학이 성숙하게 꽃 핀 시기였다고 말할 수 있겠지요.

제2차 세계대전 후의 제4기가 되면 William Auld (1924~2006, 올드), Marjorie Boulton(1924~2017, 볼턴), Reto Rossetti(1909~1994, 로세티), Gaston Waringhien (1904~1991, 바렝겐), 미야모토 마사오(1913~1989) 등 많은 사람들이 번역과 원작으로 우수한 작품을 발표해서, 에스페란토 문학도 지금은 풍부하다는 느낌입니다.

9. 인공언어로 감정을 표현할 수 있을까?

'에스페란토는 인공어이기 때문에 다른 자연어처럼 인간의 감정 표현이 되지 않을 것이다. 그래서 문학작품에도 부적당한 언어이다.'라고 생각하는 분들이 적지 않습니다.

그러나 인공어로 감정이 표현되지 않는다고 한다면 이스라엘에서는 히브리어 문학은 이루어질 수 없는 것이 되어 버립니다. 유태인은 세계 각국에 흩어져서 생활하고, 자신의 나라가 없어서 히브리어를 사용할 수가 없었습니다. 1948년 이스라엘 건국 전후로 공통의 언어가 필요하게 되고, 2천 년 전에 사용했던 종교 용어인 히브리어를 서둘러서 부활시켜 사용하기로 결정했습니다. 죽은 말이라고 했던 언어여서 물론 '전기'와 같은 현대용어도 없습니다. 히브리어학자였던 엘리에제르 벤 예후다(1858~1922)가 전쟁 후에 심혈을 기울여 완성한 것이 현재 이스라엘에서 사용하고 있는 히브리어입니다. 이 새로운 '역사 없는' 히브리어를 구사해서 감정을 표현하여 훌륭한 현대문학 작품이 많이 태어나고 있습니다.

두 번째로는 민족이 다른 에스페란토 사용자가 어딘가 세계대회에서 서로 알게 되어, 연애해서 결혼한 부부도 수백 쌍이나 있습니다. 그들은 에스페란토만을 사용해서 감정을 교환했던 겁니다. 게다가 그 가정에서는 에스페란토로 매일의 생활을 하고 있습니다. 만약 감정을 전달할 수 없는 언어였다면 함께 생활하는 것이 힘들었겠지요. 에스페란토로 키워진 아이들은 태어나면서부터 에스페란토 사용자가 됩니다. 그 아이들이 세계대회마다 많은 인원이 참가해서 그들만의 모임을 갖지만 그 활기찬 모습을 보고 있으면 에스페란토로는 감정을 표현할 수 없다고 생각한 것이 부끄럽게 생각될 것입니다.

세 번째로는 인공어라서 아름답지 않다고 주장하는 사람들에게 들려주고 싶은 CD가 있습니다. 그것은 〈세계 언어 여행〉이라고 하는 80여 개국 민족어의 회화와 낭독을 녹음한 것입니다. 그중에 에스페란토로 녹음된 것도 들어 있지만 어느 것이 에스페란토

인지 숨긴 채 그 CD를 에스페란토를 모르는 사람들에게 들려주
며 설문조사를 하면 에스페란토를 '아름다운 자연어로서, 배우기
쉬울 것 같다'고 평가하는 사람이 압도적으로 많다는 결과가 나와
있습니다.

 인공어라고 말은 해도 'aa, ab, ac'라고 말하는 것같이 기계적
으로 알파벳을 나열한 암호 같은 언어와는 달리 에스페란토는 자
연어에서 단어와 문법을 가져왔기 때문에 들어봐도 다른 자연어
와 구별이 되지 않습니다. 모음으로 끝나는 단어가 많아서 이탈리
아어와 비슷하고 아름답게 들린다고 하는 것이 공평한 평가인 것
같습니다.

 네 번째로는 에스페란토로 연기한 연극을 보고 감동을 받는 사
람이 많이 있다는 사실입니다. 만약 에스페란토가 감정을 표현할
수 없는 단순히 평범한 기계적인 암호 같은 것이라면 감동할 사
람들이 없지 않을까요?

 에스페란토를 배우지도 않고 문학작품을 읽어 본 적도 없으면서
인공어이니까 분명히 기계 같을 것이고 감정을 표현을 할 수 없
을 것이라고 단정 짓는 것은 먹어보지도 않고 싫어하는 것과 같
습니다. 에스페란토를 마스터하게 되면 그런 의심은 날아가 버리
게 되겠지요.

제2장

이 장에서는 에스페란토의 문법을 배웁니다. 알파벳과 16개의 문법 규칙(네모 안에 들어 있는 부분)을 완전히 기억해 주세요. 영어를 알고 있는 분이라면 30분 정도면 모두 기억할 수 있습니다. 에스페란토의 문법은 예외도 없고 정말로 간단합니다. 4시간으로 요점을 배울 수 있다고 하면, 너무 짧다고 느낄지도 모르지만, 에스페란토 강습회에서는 2~4시간 가르쳐 주고 수료하는 일도 그다지 이상한 일은 아닙니다. 그것만 기억하면 거의 혼자서 할 수 있게 되고, 다음은 연습만이 남겨진 문제입니다.

문법 중에 네모 이외의 부분은 자세한 보충 설명이니까, 처음으로 배우는 분은 읽을 필요가 없습니다. 좀 더 나중에 의문이 생기면 다시 되돌아와서 읽어 주세요. 이해를 돕기 위해 이탤릭체로 영어를 첨부했습니다. 단어를 조금 바꾸었지만 문장의 예문은 거의 자멘호프의 문장, 주로 〈Fundamento de Esperanto〉에서 인용했습니다.

지구어 에스페란토의
학습

1. 에스페란토 학습법

1) 4시간에 마스터하는 방법

당신이 에스페란토를 전혀 몰라도, 중학교 졸업 정도의 영어를 알고 있다면 아주 짧은 시간 안에 에스페란토를 사용할 수 있게 됩니다. 전문적인 논문은 다르지만, 보통의 글이라면 일단 읽고 쓰고 말할 수 있게 되는 것을 목표로 해서, 이 책을 만들었습니다. 그렇게 하려면 다음과 같이 해 주세요.

1. 제2장 '지구어 에스페란토의 학습'의 2에 쓰여 있는 1) 알파벳 (p.50~53)를 익힌다(10분). 2) 문법규칙 16개(p.54~101의 네모 안에 들어 있는 부분만)를 완전히 외운다(30분). (여기까지 하면 이제부터 사전을 찾으면서 에스페란토 글을 읽을 수 있습니다.)
2. 필수단어 110개(p.156~157)를 외운다. 제3장 3의 1), 2)(p.204~212)도 참조(60분).
3. 접미사, 접두사를 외운다. 제3장 3의 3)(p.213~216) 참조(50분).
4. 제2장 3의 기본 회화 예문 1)~2)(p.114~116)을 익힌다. (90분)

이상의 4시간으로 글을 읽거나 간단한 회화가 가능합니다.

5. 제2장 2의 2)의 설명부분(p.54~101)을 가볍게 한 번 읽는다.
6. 제2장 3의 기본 회화 예문 3 실용 회화 예문(p.117~129)을 세 번 읽는다.
7. 제3장 1의 기본단어(p.156~173)를 외운다.

8. 제2장의 2와 3의 전부(p.50~129)를 자세히 다시 읽는다.

　이렇게 하는 동안 위의 1~3항의 요점 부분만을 외우는 데 4시간 정도는 걸리지요. 작문이랑 회화에는 'la를 어떤 경우에 사용할까' 등의 문법 지식이 필요합니다. 그러나 에스페란토 글을 읽기만 해도 된다면 그런 것은 몰라도 되는데, 톨스토이같이 읽을 수 있게 되는 것도 그렇게 어려운 것은 아닙니다. 16개의 문법과 200개 정도의 기본단어만 기억하면 문장을 읽을 수 있게 됩니다. 이런 방법으로 4시간 공부한 후에 시험 삼아 p.118의 실용 회화 예문을 읽어 보세요. 어떻습니까? 4시간으로 에스페란토의 문장을 이해하게 되셨지요?

　그러나, 에스페란토대회에 참가해서 사람들과 대화를 하는데 조금도 불편하지 않게 되기까지는 앞의 4~7을 3일 정도 계속 익히지 않으면 무리라고 생각합니다. 즉 'por라고 하는 전치사의 뒤에 lerni라고 하는 동사 부정형을 놓아도 될지 어떨지?' 등 문법에 대한 상세한 지식이 없으면, 작문할 때에 곤란합니다. 자멘호프는 16개의 규칙만 표시했지만 그가 쓴 에스페란토 문장에서 필요한 규칙을 추려내어 이제 좀 더 자세한 문법책을 만든 사람이 있습니다. 거기에 기초해서 이 책에서도 문법 설명을 추가했습니다. 그것이 위의 제5항(제2장 2의2에 있음, 네모 안에 들어 있지 않은 부분)입니다. 그러니까 에스페란토 글을 읽게만 되면 이 부분을 읽지 않아도 됩니다. 그것을 읽기는 해도 겨우 3일간으로 중학 3년 정도의 영어 실력에 상당하는 에스페란토 어학력이 되므로, 영어를 배운 3년간의 노력과 비교하면 많이 다르지요.

　비행기도 날아오르기 전에는 엔진을 모두 가동하여 전력 질주를 하지요. 날아오르려면 순발력이 필요하고 어학도 마찬가지입니다. 하늘로 날아올라 기분 좋게, 즉, 막힘없이 원문이 이해되는 쾌감을 맛보고, 자유롭게 작문과 회화하기를 원하는 분은 3일간 모든 힘을 기울여 맹렬히 공부하시기를 권합니다. 그렇지 않으면 언제까지라도 지상에서 비틀비틀 기어 다닐 뿐 날아오를 수 없는 비행기처럼 eterna komencanto(만년 초보자)로 끝마치고 맙니다. 그 다음에는 알고 있는 단어 수 늘리기, 문장을 가능한 한 많이 읽기, 서투르지만 부끄러워하지 말고 대화를 자꾸 해 보기로 실력을 늘려 가십시오. 이것은 아이나 초등학생이 말을 배우는 과정과 같습니다. 만약 이것을 게을리 하면 일단 날아 오른 비행기도 속력이 떨어져 추락할 수밖에 없습니다.

공부하다가 중간에 그만 두게 되는 원인은 다음의 5가지입니다.

1. 학습기간이 지루하게 길다.
2. 어휘력이 없다.
3. 학습 진도와 자신의 기호에 맞는 교재를 선택하지 않는다.
4. 불필요하게 상세한 문법을 지나치게 외우려고 한다.
5. 영어 등의 언어적 차별을 없애자는 국제어 사상의 뒷받침 부족

이 책에서는 이런 원인을 없애기 위해 여러 가지 방법을 강구했습니다. 영어를 함께 사용해 이해를 도운 것도 그중 하나입니다.

2) 달인으로부터 배우는 비결
(1) 작문
작문의 숙달에는 간단·명료·정확 이외에 케리 이토우의 《플레인 잉글리시(Plain English)의 권유》에 나오는 다음 10개 조항이 도움이 됩니다.
① 짧은 단어 사용(중학교 3학년 정도의 어휘) ② 익숙한 단어

사용 ③ 추상적이 아니라 구체적으로 ④ 필요 이상의 단어를 사용하지 않음 ⑤ 능동태를 사용함 ⑥ 동사를 활용함 ⑦ 가능한 한 부정형(否定形)을 사용하지 않음 ⑧ 하나의 문장에 하나의 정보를 ⑨ 우선 개론을 서술한 다음 상세히 ⑩ 원인과 결과를 확실히 함

작문을 잘하는 방법의 하나는 850 단어만 사용하는 《기초영어(Basic English)》의 예문을 보세요. 한국어 문장을 영어로 번역했을 때의 문제를 에스페란토로 번역해 보고 나서 영문의 모범답안을 보면 좀 더 간단한 단어를 사용해도 문장을 만들 수 있음을 알 수 있습니다. 영어를 이용해서 에스페란토 작문의 실력을 연마하세요. 작문할 때 단어를 모르면 우선 영어 단어를 머릿속에서 찾은 다음 영어-에스페란토 사전을 찾아 에스페란토 단어를 찾는 게 편할 경우도 있습니다.

또, 작문을 잘 할 수 있는 방법 중에 제일 좋은 것은 편지를 주고받는 것입니다. 각 지역의 에스페란토회에서 편지를 보낼 상대를 소개 받아 처음에는 엽서에 몇 줄만 적으면 됩니다. 어느 정도 실력이 늘어 자기 나라에 관한 일들을 소개하면 화제는 무궁무진해집니다. 저는 〈사는 보람〉에 대해서 스웨덴의 작가와 토론을 계속하고 있습니다.

(2) 부드러운 말투

〈기초 영어(Basic English)〉라고 하는 간단 영어의 기본 동사는 불과 16개 단어(be, come, do, get, give, go, have, keep, let, make, put, say, see, seem, send, take)에 지나지 않습니다(return을 comeback으로 대신하는 등). 따라서 공연히 에스페란토 단어를 많이 외우는 것보다는 적은 수의 단어로 능숙하게 표현하는 비결을 배우세요. 만약 적당한 단어가 생각나지 않으면

재빨리 발상을 전환해서 다른 표현을 생각해 보세요. 접두사·접미사를 붙여서 자신이 생각하고 있는 의미에 가까운 단어를 찾는 것이 좋겠지요.

(3) 회화

에스페란토의 얇은 회화 연습책을 5회 정도 반복해서 읽고 금방 대화를 할 수 있게 되었을 뿐 아니라 문장을 이해하는 능력도 생겼다고 하는 분도 있습니다. 이 책의 기본 회화 예문의 한국어 문장을 보고 에스페란토로 말해 봅니다. 만약 잘 되지 않으면 에스페란토 문장을 보고 고쳐서 말해 보는 것이 도움이 될 겁니다. 회화능력을 키우는 것도 에스페란토를 잘 하게 되는 방법의 하나입니다.

태어나자마자 에스페란토를 사용하는 민족도 없고 에스페란토라는 나라도 없으니까 에스페란토로 말하려고 생각하면 에스페란토 사용자들의 모임이나 대회 등에 참가하는 것 외에 다른 방법은 없습니다. 내국인들끼리는 바로 자국어로 이야기하고 싶어집니다. 마음먹고 세계대회에 간다면 싫더라도 에스페란토밖에 없으니까 빠르게 능숙하게 될 겁니다. 이야기를 걸어오면 침묵하거나 미소만 짓지 말고, 적극적으로 이야기를 건네면 상대도 초보자를 응원하는 마음을 갖고 천천히 이야기해 줄 겁니다. 저자들의 딸은 독습서를 한번 가볍게 훑어보고 세계대회에 참가해서 주위 사람들의 회화의 물결에 파묻혔고, 대회장에서 개최되는 '체 학습법(Cseh-metodo)'(민족어를 사용하지 않고 에스페란토만을 이용해 에스페란토를 가르치는 교수법) 강습회에 6시간 출석하여 에스페란토를 말할 수 있게 되었습니다. 이 '체 학습법'에 기초하여 영국국영방송(BBC)이 만든 〈Mazi en Gondolando〉라고 하는 초보자용 비디오테이프도 네덜란드에서 1995년에 발매되었습니다. 우리들의 경험으로는 〈자멘호프 연설집〉을 단기간에 다 읽은 것이 좋았다고 생각합니다. 거울로 입을 보면서 이것을 낭독하는 연습을 해서 잘하게 되었다고 얘기하는 사람도 있습니다. 좋은 문장을 소리 내어 읽거나 외운다면 낭독 뿐 아니라 회화도 잘하게 됩니다.

(4) 단어

구보다 구니오 씨는 40년쯤 전에 에스페란토를 배우기만 하고 거의 잊고 있다가, 67세가 되어서 다시 에스페란토 공부를 시작해서 4년 동안에 약 1만 장의 단어카드를 만들면서 어휘력을 늘리고, 읽기, 쓰기, 회화가 능숙해졌습니다. 책을 읽을 때 모르는 단어가 있으면 사전을 찾고 발음해 보면서 카드를 들고 걸으면서 익히고, 다 외운 단어는 사전에 빨간 펜으로 밑줄을 긋고 카드는 완료 상자에 넣었습니다. 외우지 못한 단어는 다시 갖고 다니면서 가능한 모든 노력을 다해서 몇 번이라도 그 단어와 접촉하는 횟수를 늘리고 문맥 안에서 익히는 것이 좋은 방법입니다. 사상가인 하야시 타츠오 씨는 81세에 스페인어와 러시아어를 배우기 시작했고 작가인 홋다 요시에 씨도 70세에 프랑스어를 배우기 시작했다고 하니 나이는 신경 쓸 필요가 전혀 없습니다.

이 책에서는 제2장의 2와 3에 일상생활에 필요한 기본단어 665개(파생어를 빼면 505개)를 실어 놓았습니다. 그 외에 만약 당신이 제3장 1의 기본단어도 외우면, 전부 약 1,000개의 단어(읽기 중급 수준)를 알고 있는 것입니다. 에스페란토에서는 이것만으로 영어의 6,000단어를 기억하고 있는 것과 같습니다. 〈Kontakto〉라고 하는 에스페란토 시사 잡지는 870개의 어근을 사용하고 있으나 초보자를 위한 기사에서는 그 중 520개 어근만 사용하고 있습니다. 또 Tišljar의 연구에 의하면 에스페란토 회화에 나오는 어근은 1,343개로, 회화의 95퍼센트는 대략 467개의 어근으로 성립되어 있다고 합니다. 그러니까, 500개의 어근을 외우면 충분하므로 그것만을 사용해서 에스페란토를 가르치는 '자그레브 방식'이라고 하는 강습회가 호평을 받고 있습니다.

제3장의 1 기본단어 1)(p.156)는 필수단어(110개)이니까 반드시 외우세요. 기본단어 2)~16)(p.157~169)은, 에스페란토학술원이 선정한 공용어 2,470개 중에서 선별한 1~5단계의 빈출 기초단어 565개입니다. 이 테스트를 처음 목표로 해서 많은 문장을 읽으면서 알고 있는 단어의 수를 늘려 가면 좋습니다.

(5) 듣고 이해하기(聽解)

'듣고 이해하기'에 익숙해지려면 다음과 같이 하면 좋다고 다나베 요오지 씨가 〈처음으로 듣기〉에서 말하고 있습니다.

① 문법에 구애받지 말라. ② 정확한 문장을 잡아라. ③ 전부를 알아들으려고 하지마라. ④ 현재인지 과거인지 분별해서 들어라. ⑤ 관용 표현을 기억하라. ⑥ 핵심 단어를 잡아라. ⑦ 몸짓이나 표정으로 판단하라. ⑧ 들리는 단어들을 연결해 맞추어 보라.

이것은 에스페란토에서도 똑같습니다. 에스페란토를 잘 하는 사람이 녹음한 것을 하루 종일 틀어 놓고 귀에 익숙하게 하는 것(esperanto-duŝo, 에스페란토 샤워)도 효과가 좋은 방법입니다. 해외의 에스페란토 방송을 매일 듣는 것도 좋겠지요. 비디오라면 효과가 더 좋지요.

모리토 요시히사 씨의 《듣기의 달인이 되는 법》에 의하면 전문 분야의 영어를 듣고(1분에 170 단어), 이해와 표현 가능한 특급 수준의 사람은 6천 개의 단어를 구사하고 있다고 합니다. 또 미국에서 일상생활에 사용되는 것은 5천 단어, 미국에서의 대학시험에 필요한 것은 8천~1만 단어라고 합니다.

그러나 에스페란토에서는 규칙에 의해서 단어를 거의 10배로 늘릴 수가 있어서 만약 6천 단어를 외워야 한다면 600개의 단어만 외우면 됩니다. 게다가 영어와 비슷한 단어가 에스페란토 단어 중에 74%를 차지하고 있으니까 중학 졸업생에게 에스페란토의 필수단어 467~565개 단어를 3일 만에 외운다고 하는 것은 그다지 어려운 것도 아니고, 565개의 단어를 외우면 영어 단어 6천 개를 외우고 있는 특급 수준의 사람과 같은 능력을 발휘하는 셈입니다.

(6) 항상 자극을 받자

문장을 읽을 때에는 단행본을 사는 것도 좋지만 에스페란토 잡지를 구독하면, 정기적으로 읽을거리가 생기고 자극도 받게 되니 안성맞춤이지요. 처음에는 모르더라도, 무작정 계속 읽다 보면 술술 자연스럽게 알게 됩니다. 각종 에스페란토 단체의 기관지(UEA의 *esperanto*, SAT의 *Sennaciulo*, JEI의 *La Revuo Orienta*, KLEG의 *La Movado* 등)와 *Heroldo*, *Kontakto*, *Monato* 등의 잡지를 구독할 것을 권합니다. 미리 몇 년치의 구독료를 지불하는 것도 중도에 그만 두는 것을 막는 한 가지 방법입니다.

(7) 달인이 되는 세 가지 요소

에스페란토의 달인 이즈미 유키오 씨는 달인이 되는 세 가지 요소는 시간과 꿈과 돈이라고 말합니다. 3개월에 100시간 정도 공부할 것, 20만 원 정도를 투자할 것, 처음에 그린 꿈(대회에 참가한다든지 등등)을 가끔 생각해 내는 것이 좋은 것 같습니다. 투자하는 돈으로는 사전이나 참고서, 학습용 음원 CD, 그림이 들어 있는 단어집 등을 구입하는 데 필요합니다. 공부를 시작하기 전에 우선 CD를 10시간 정도 흘려들으면서, 에스페란토의 어감을 느끼는 것도 에스페란토를 잘 하게 되는 비결입니다. 《CD 익스프레스 에스페란토》와 《Ĉu vi parolas Esperante?》를 보는 것도 좋습니다. 투자한 것은 반드시 본전은 찾는다고 이즈미 씨는 말합니다. 돈을 아까워하면 달인이 될 수 없습니다. 공부를 시작하기도 전에 100만 원 어치나 에스페란토 책을 산 사람도 있습니다. 이렇게 하면 그만 둘 수 없게 하는 배수의 진을 친 것입니다. 그밖에도 그분은 필사(筆寫)로 도움을 받았습니다. 필사를 하다 보면 세세한 부분에도 신경을 쓰게 됩니다. 고통스러워하면서 열심히 공부하는 것이 아니라, 그림이 있는 단어집 등으로 즐기면서 놀이하듯이 실력을 늘려 갑시다.

(8) 짧은 시간에 숙달하는 방법

단기간에 어학에 숙달하는 데에는 두 가지 방법이 있는 듯합니다.
1. 착실한 노력형
2. 놀면서 즐기는형

1은 꼼꼼하게 문법을 정독하고 외우고 사전을 몇 만 번이나 찾아보고, 단어카드를 만들어 외우는 학습법입니다.

2는 작가 쯔지 쿠니오 씨가 추천하는 방법입니다. 가능한 한 간단하고 얇은 문법책을 단숨에 끝까지 읽으면서 전치사와 100개 정도의 자주 나오는 단어는 외웁니다. 그러고 나서 될 수 있으면 사전을 찾아보지 않아도 읽을 수 있는 얇은 원서를 선택해서 단어의 뜻을 알든 모르든 신경 쓰지 말고 끝까지 다 읽을 것. 영문학자인 준에이(俊英) 씨, 다까야마 히로시(高山宏) 씨에 의하면, 그것도 가능하면 번역이나 대역이 있는 것이 좋다고 합니다. 교과서로는 동화나 미스테리 소설이나 다 좋습니다.

에스페란토의 경우에는 양자 병용이 좋다고 생각 합니다. 처음의 하루, 이틀은 1의 공부법으로 공부하고, 어느 정도 진도가 나가면 2의 방법으로 바꾸는 것입니다.

우선 문법 16개를 외우고, 전치사와 접속사, 대명사(필수단어 (p.156 참조), 기본단어 6과 9의 동사(p.159, 162), 상관사 (p.103)등 200단어 정도를 노력해서 한 번에 외웁니다(단어의 선택방법은 영어의 조합을 참고해 주세요. of, from, and, is, she 등을 모르면 책을 읽을 수 없습니다. 묶어 놓은 짧은 단어가 중요한 단어입니다). 단지 1의 방법도 사전을 찾을 필요는 없습니다.

그것이 끝났다면 작전을 바꾸어 2로 옮깁니다. 번역이 되어 있는 단편 소설의 원서를 많이 소리 내어 읽고 에스페란토 회화 테이프를 하루 종일 틀어 놓고 거기에 귀를 익숙하게 합니다. 귀에 들린 문장은 반복해서 중얼거려 봅니다. 사전 없이 읽고 쓰고 말하는 것을 적극적으로 실행해 보세요.

단기간의 집중, 열정적인 지속, 강한 동기 부여(왜 에스페란토를 배우는가, 대회 때까지는 반드시 말할 수 없으면 곤란하다 등)가 중요합니다. 어쨌든 한 권의 원서를 완독하는 쾌감을 느껴 보세요. 위에 이야기했듯이 대회에 참석하고 국제 펜팔을 하고 에스페란토 방송을 듣는 것 등도 물론 에스페란토의 달인이 되는 빠른 길입니다. 이렇게 해서 어느 정도 숙달되면 에스페란토 문장의 잡지나 명문을 읽고 PIV(=Plena Ilustrita Vortaro) 등 가능하면 두터운 《에스-에스사전》을 찾아 linio과 streko의 다른 점, globo와 sfero의 차이를 알아본다고 하는 정독이 당신의 실력을 향상시키겠지요. 처음에는 잘 모르더라도 매일 에스페란토 문장을 계속해서 읽다 보면 저절로 알게 될 것입니다.

2. 에스페란토 문법

1) 알파벳과 발음

알파벳 28자모와 그 이름을 익혀 보자. 각각 대문자와 소문자,
[　] 속의 문자는 국제음성부호이다.

A a [a]	B b [b]	C c [ts]	Ĉ ĉ [tʃ]
D d [d]	E e [e]	F f [f]	G g [g]
Ĝ ĝ [ʤ]	H h [h]	Ĥ ĥ [x]	I i [i]
J j [j]	Ĵ ĵ [ʒ]	K k [k]	L l [l]
M m [m]	N n [n]	O o [o]	P p [p]
R r [r]	S s [s]	Ŝ ŝ [ʃ]	T t [t]
U u [u]	Ŭ ŭ [w]	V v [v]	Z z [z]

위의 상자 속에 있는 28자가 에스페란토의 자모이다. 영어에는
없으나 에스페란토에는 Ĉ Ĝ Ĥ Ĵ Ŝ Ŭ가 있고, 영어에는 있으나
에스페란토에는 없는 것이 Q W X Y이다.

또한 A E I O U의 5자모는 모음이고, 그 밖의 23자모는 자음
이다.

그리고 이 자모의 이름은, 모음의 경우에는 그 소리 값(음가) 그
대로가 문자의 이름이고, 자음의 경우에는 각 소리 값에다가 끝에

o를 붙여서 그 이름으로 한다. 즉, B C Ĉ D라는 문자의 이름은 각각 [bo] [co/ʦo] [ĉo/ʧo] [do]이다. [　] 속의 국제음성부호는 그 소리 값을 잘 알아두는 것이 좋다. 예를 들면 에스페란토를 남에게 가르칠 경우에나, 영어를 비롯한 다른 외국어의 공부에도 큰 도움이 될 수 있다.

한국어 사용자들이 에스페란토 자모를 배우면서 특히 주의할 것은, 에스페란토에서는 있으나 한국어에서는 없는 다음의 소리들이다. 이러한 한국어에 없는 소리들은, 에스페란토의 소리를 한글로 표기하고자 하더라도 대응되는 소리가 없어서 한글로 표기할 수가 없다. 그러한 경우에는 한글을 나란히 쓰되 대응할 수 없는 문자 옆에 괄호를 달고 그 속에 국제음성부호를 써 주는 것도 한 가지 방도가 된다.

C c [ʦ]	F f [f]	Ĥ ĥ [x]	Ĵ ĵ [ʒ]
Ŭ ŭ [w]	V v [v]	Z z [z]	

C는, 대응하는 한국어 소리가 없으나, 편의상 'ㅉ'으로 쓴다. t와 s의 소리가 한 덩어리로 이어진 소리이다. 영어 cats(고양이)의 끝소리 ts와 같은 소리이다.
F와 V는, 대응하는 한국어 소리가 없으나, 편의상 'ㅍ'와 'ㅂ'로 쓴다. 윗니와 아래 입술이 닿은 상태에서 마찰음을 내어 발음하는 소리이다.
Ĥ와 Ĵ는, 아래에서 설명한다.
Z는, S의 유성음/울림소리이다.

위의 주의할 점 이외에는 모두 로마자를 읽듯이 읽으면 된다. 이들 문자를 단어 철자 중에서 한 자 한 자 읽을 때, 그 소리 값을 말할 때는 문자의 이름에서 끝의 o를 떼고 읽으면 되고, 문자의 이름을 열거할 때에는 그 o를 붙여서 읽으면 된다. 쓰인 대로 읽고, 읽는 대로 쓴다. 영어에서는 같은 a라도, apple에서는 '애', April에서는 '에이', apple의 e는 무음이 되지만, 에스페란토에서는 그와 같은 예외는 없다.

우리가 익숙하게 보아오던 문자가 아닌 것으로서, 문자 위에 삿갓부호 ^나 ˘가 붙어있는 문자 6개 Ĉ Ĝ Ĥ Ĵ Ŝ Ŭ는, 1자 1음, 1음 1자라고 하는 원칙을 관철하기 위한 방도이다. 예를 들면, 영어에서는 1음 1자가 되지 않고, 차, 추, 초라는 음을 나타내기 위해서는, ch라고 하는 2문자를 필요로 하므로, 초콜릿이라고 하면 chocolate라고 쓴다. 그것을 에스페란토에서는 ĉ라고 하는 1문자로 끝나는, ĉokolado라고 쓰는 것이다.

삿갓부호가 붙어 있는 문자의 이름을 먼저 외우자. 한글로 써 본다면 다음과 같이 쓸 수가 있겠다. 끝의 'ㅗ'를 빼면 소리 값이다.

Ĉ: '초': 예를 들면, 영어 church, chat의 첫소리이다.

Ĝ: 유성음/울림소리 '조': 예를 들면, 영어 jam, gem의 첫소리

Ĥ: 연구개 마찰음 '호': 우리말 옛 소리 'ㆅ'. 독일어의 buch, auch의 ch

Ĵ: 대응하는 한국어 소리가 없다.: 예를 들면, 영어 measure의 s

Ŝ: 'I' 소리 앞의 ㅅ이 든 '쇼': 예를 들면, 영어의 shoe, ship 에서의 sh

Ŭ: 'ㅜ'와 유사한 입술-연구개 소리 반모음. 'ㅟ'에 이은 'ㅗ'를 같이 내는 소리: 예를 들면, 영어의 wet의 w

아래의 단어에서 읽는 연습을 해 볼 수 있겠다. 쓸모가 많은 단어이므로 그 의미도 곧 익히는 것이 좋겠다. 액센트는 각 단어의 뒤에서 두 번째 음절에 온다. kuracisto(의사)라는 단어는 i에 액센트가 온다. (액센트를 밑줄로 표시하였다.)

amiko 아미코 (동무/친구), banko 반코 (은행), centro 쩬트로 (중앙/중심), ĉevalo 체발(val)로 (말), danco 단쪼(ʦo) (춤/댄스), ekskurso 엑스쿠르소 (소풍), familio 파(fa)밀리오 (가족), gvid-anto 그비단토 (지도자), ĝardeno 자르데노 (정원), halo 할로 (홀), ĥoro 코(ㄨo)로 (합창), inform-ilo 인포(fo)르밀로 (정보지), jaro 야로 (연(年)/한해), ĵurnalo 주(ju)르날로 (신문), kanto 칸토 (노래), listo 리스토 (리스트/명단), mendo 멘도 (주문), numero 누메로 (번호), ovo 오보(vo) (달걀), parol-ado 파롤라도 (연설), rabato 라바토 (할인), salono 살로노 (살롱), ŝlos-ilo 쉴로실로 (열쇠), tabelo 타벨로 (표), universitato 우니베르시타토 (대학교), vojaĝo 보야조 (여행), zorgo 조(zo)르고 (돌봄)

(*gvid-anto와 같이 하이픈(-)이 연결된 것은, 접미사가 붙은 합성어라는 뜻이다.)

에스페란토의 상징 초록별

에스페란토의 상징은 초록별입니다. 녹색은 평화를, 별은 희망을 나타냅니다. 초록별 배지를 옷깃에 달고 해외여행을 하면, 이것을 보고 말을 걸어오는 사람들도 있고, 여행이 더욱 즐거워집니다. 에스페란토 깃발은 녹색 천의 왼쪽 위 모퉁이에 흰색의 사각 부분을 만들고, 그 사각 부분에 초록별을 그려 넣은 것입니다.

2) 문법 규칙 16개조

(1) 관사

> ★ 부정관사는 없고, 정관사 la만 있다. 명사의 성·수·격이 변하여도 관사 la는 언제나 같은 형태를 유지한다.

예를 들면 domo(집)에 관사 la를 붙이는 경우에는, domo가 주격이든 목적격이든 에스페란토에서는 관사의 형태가 변하지 않고 언제나 la이다.

La domo estas blanka. (그 집은 희다. *domo는 주격이다)
The house is white.
Mi aĉetis la domon. (나는 그 집을 샀다. *domon은 목적격이다)
I bought the house.

정관사는 영어의 정관사와 같고, 특정화된 어떤 사물·대상의 앞에 온다.

1. 관사를 붙이는 경우

1) 대화 중에서 앞에 이미 나왔던 명사 앞에는 관사를 붙인다.
   Kie estas mia valizo? (나의 여행가방은 어디에 있습니까?)
   Where is my valise? 라는 문장의 다음 문장에서 다시 여행 가방 valizo가 나오면, 그 valizo 앞에는 la를 붙인다.
   La valizo estas en via ĉambro. (그 여행가방은 당신의 방에 있다) *The valise is in your room.*

2) 명사가 종 전체를 표시하는 총칭(~라는 것)의 경우에는 관사
   를 붙인다.
   La homo estas vana. (인간이란 덧없는 존재다)
   Human beings are vain.
3) 세상에서 유일한 것(태양, 달 등)에는 관사를 붙인다.
   La suno (태양) *the sun* ; la terglobo (지구) *the earth*

2. 관사를 붙이지 않는 경우

1) 소유형용사(mia(나의) 등)나, 강한 한정을 나타내는 단어
   (ĉiuj(모든), tiuj(그것들) 등)가 이미 붙어 있는 경우에는 관사
   를 붙이지 않는다.
   mia patro (나의 아버지) *my father*
   ĉiuj studentoj (모든 학생들) *all students*
2) 달이나 요일의 이름, 시간을 나타내는 명사에는 관사를 붙이지
   않는다.
   decembro (12월) *December* ; sabato (토요일) *Saturday*
3) 추상명사나 물질명사에는 관사를 붙이지 않는다.
   amo (사랑) *love* ; vino (와인) *wine* ; aero (공기) *air*
4) 인명, 국명, 도시명 등의 고유명사에는 관사를 붙이지 않는다.
   Japanio (일본) *Japan* ; Rejno (라인강) *Rhine*
   다만, 다음의 경우에는 고유명사에도 관사를 붙인다.

   (1) 보통명사를 고유명사로서 사용할 경우
      la Flava Maro (황해) *the Yellow Sea*
   (2) 한정형용사가 고유명사 앞에 붙는 경우
      la Norda Japanio (북일본) *Northern Japan*

(3) 복수형일 때

    la Unuiĝintaj Nacioj (국제연합) *the United Nations*

(4) 비유

    la dua Zamenhof (제2의 자멘호프) *the second Zamenhof*

(5) 그 사물, 대상을 나타내는 보통명사를 동반한 경우

    la Monto Huĵi (후지산) *Mt. Fuji*

● 정관사를 붙일지 말지 헷갈리는 경우에는 붙이지 않는다.

3. 관사와 명사의 사이에 형용사와 부사를 넣어도 좋다.

la bela floro (아름다운 꽃) *the beautiful flower*

4. 관사 la를 쓸 때, 운문 중에서 다음의 경우에는 l'로 써도 좋다.

1) 모음으로 끝나는 전치사 뒤에서

    de *l'*homaro (인류의) *of mankind*

2) 모음으로 시작하는 단어 앞에서

    *l'*espero (희망) *the hope*

〈연습 1〉 정관사 la가 필요한 경우는 (　) 속에 la를, 불필요한 경우는 x를 기입하시오.

1. (　) mia libro (나의 책)
2. (　) libero (자유)
3. (　) Monto Halla (한라산)
4. (　) suda Francio (남프랑스)
5. (　) aprilo (4월)

(답은 p.107에 있습니다.)

에스페란토의 활용

국제어를 어떻게 사용할 것인가를 말하자면 다음의 몇 가지를 생각할 수 있습니다. 세계 환경오염 문제나 국제결혼 등에 대하여 앙케이트 조사를 한 사람들도 있고, 핵무기 반대운동에 이용한 경우도 있습니다. 취미로 어떤 기호품을 수집하는 경우도 있고, 과학논문을 에스페란토로 발표하는 사람들도 있습니다. 하지만 좀 더 많은 사람들이 손쉽게 에스페란토를 실용하여 즐길 수 있는 기회는 이전에 성행하던 손 편지 교환이나 오늘날의 SNS상에서의 의사소통이나, 에스페란토 방송의 청취나 시청, 그리고 유튜브 등을 이용한 인터넷을 활발히 사용하거나, 스카이프 페이스북 따위를 이용한 직접대화나 학습 등도 매우 좋은 예가 됩니다. 이전에는 아마추어 무선 등을 통한 에스페란토 이용도 있었으나, 오늘날은 예전에는 상상할 수도 없었던 많은 방법으로 이용이 가능하므로, 여기서 몇 가지 인터넷 사이트 등을 가르쳐 드릴 필요도 없게 되었습니다. 'esperanto'나 '에스페란토'라는 단어를 사용하여 검색하면 많은 정보를 줄줄이 보시게 될 것이니, 이를 이용해 보시기 바랍니다. 다만, 지금 에스페란토를 막 배우기 시작하는 경우에는 이 언어 자체를 몰라서 멋진 사이트를 방문하여도 내용을 이해하지 못하는 답답함은 있을 것이니, 우선 에스페란토라는 언어의 학습을 시작해 보실 것을 추천합니다.

세계에스페란토협회(UEA: Universala Esperanto-Asocio):
www.uea.org
한국에스페란토협회(KEA: Korea Esperanto-Asocio):
www.esperanto.or.kr
전화: 02-717-6974

(2) 명사

> ★ 명사에는 어미 -o를 붙인다. 복수를 만들 때에는 -o 다음에 어미 -j를 붙인다.

fil-*o* (아들) *son* ; fil-*o*-j (아들들) *sons*

(명사의 예는, p.53, 158, 160 참조)

Mi estas esperantist*o*. (나는 에스페란티스토이다) *I am an esperantist.*

Mia fil*o* kaj mi estas esperantist*oj*. (나와 내 아들은 에스페란티스토이다) *My son and I are esperantists.*

◆ 추상명사나 물질명사에는 복수어미 -j를 붙이지 않는다.

bon*o* (선) *goodness*; sal*o* (소금) *salt*

다만, danko (감사)에는 복수형 dankoj를 사용한다.

Mil dank*oj*n! (고맙습니다) *A thousand thanks!*

> ★ 명사의 격은 주격과 목적격밖에 없다.

명사의 주격은 명사의 원형을 그대로 사용한다.

◆ 명사의 주격은, 문장의 주어, 동사의 보어, 전치사의 목적어, 호격어로서 사용된다.

Mi estas knabo. (나는 소년이다) *I am a boy.* (*이 경우의 knabo는 보어이며, 주격을 쓴다.)

명사의 목적격은 다음의 경우에 사용된다.

1. 타동사의 목적어

Mi manĝas la pomon. (나는 그 사과를 먹는다) *I eat the apple.*

Mi manĝas la pomojn. (나는 그 사과들(복수)을 먹는다)
I eat the apples.

2. 목적격의 동격어

Mi konas lin kiel instruiston. (나는 교사로서의 그 남자를 알고 있다) *I know him as a teacher.*

Mi amas ŝin kiel mian filinon. (나는 그 여자를 내 딸처럼 사랑한다) *I love her as I love my daugther.*

Mi amas ŝin kiel mia filino. (나는 그 여자를 사랑하기를, 내 딸이 그 여자를 사랑하는 것처럼 사랑한다) *I love her as my daugther loves her.*

소유격 libro de la instruisto (교사의 책) *book of the teacher*

여격 Mi donis la premion al la knabo. (나는 상을 그 소년에게 준다) *I give the prize to the boy.*

탈격 Mi puŝas la pordon per la mano. (나는 그 문을 손으로 민다) *I push the door by hand.*

◆ 명사의 어미 -o를, 운문 중에서 생략하고 어포스트로피(')로 대신하는 경우가 있다. (액센트의 위치는 불변)
mond' (=mondo, 세계) *world*

〈연습 2〉 다음의 명사에서 복수형을 써서는 안 될 경우에 x를 붙이시오.

1. arbo (나무)   2. amo (사랑)   3. bileto (입장권/차표)
4. mano (손)   5. akvo (물)   6. standardo (기/깃발)

(*답은 p.107에 있습니다.)

(3) 형용사

★ 형용사에는 어미 -a를 붙인다.

★ 형용사의 어미변화는 명사의 변화와 같다.

형용사의 수와 격은 명사의 경우와 마찬가지이다. 수식받는 명
사가 복수형이면, 형용사에도 복수형 어미 -j를 -a의 뒤에 붙인
다. 명사가 목적격이면 형용사에도 -an, -ajn을 붙인다.
Mi havas ru*gan* karton. (나는 빨간색 카드를 가지고 있다)
I have a red card.
Mi havas ru*gajn* kartojn. (나는 빨간색 카드들을 가지고 있다)
I have red cards.
형용사의 예는 p.159, 161, 164, 168를 보자.

◆ 형용사는 명사를 수식하거나, 보어로서 주어를 수식한다.
verd-a standard-o (녹색 기) *green standard*
blu-a flor-o (파란 꽃) *blue flowers*
blu-a-j flor-o-j (파란 꽃들) *blue flowers*
La ĉielo estas blu*a*. (하늘은 파랗다) *The sky is blue.*
La floroj estas blu*aj*. (그 꽃들은 파란 색이다) *The flowers
are blue.* (bluaj는 복수, 영어에는 형용사의 복수가 없다.)

★ 비교급은 부사 pli, 최상급은 부사 plej를 형용사 앞에 둔다.

비교에는 접속사 ol을 사용한다.

Neĝo estas *pli* blanka *ol* papero. (눈은 종이보다 희다)
Snow is whiter than paper.
Inter ĉiuj lingvoj, Esperanto estas la plej facila lingvo
por lerni. (에스페란토는 모든 언어들 중에서 가장 배우기 쉬운
언어이다) *Of all languages, Esperanto is the easiest to
learn.*

비교열급이나 비교최열급을 **malpli, malplej**(mal-은 반대의
뜻)로 나타낸다.
Via pano estas *malpli* freŝa *ol* la mia. (너의 빵은 나의 빵
보다 덜 신선하다) *Your bread is less fresh than mine.*
목적어를 비교할 때에는, 비교하는 상대에도 목적격으로 나타낸다.
Mi amas hundoj*n* *pli* *ol* katojn. (나는 고양이보다 개를 더
좋아한다) *I love dogs more than cats.*
비교의 대상을 전치사 **el**로, 또 비교의 범위를 전치사 **en**으로
나타낸다.
Li estas la *plej* forta *en* sia klaso. (그 남자는 학급에서 가
장 힘세다) *He is the strongest in his class.*
plej가 형용사 앞에 있을 때에는, **la plej** …라고 하고, plej가
부사 앞에 있을 때에는 la를 붙이지 않는다.
동등비교급은, 상관부사 **tiel, kiel**이나 **tiom, kiom**(p.102~)으
로 나타낸다.
Li estas *tiom* forta, *kiom* mi. (그 남자는 나와 마찬가지로
강하다) *He is as strong as I am.*

〈연습 3〉 다음의 문장 중에서 바르지 않은 것에 x를 붙이시오.

1. Mi amas ruĝan florojn.
2. La papero estas pli blanka ol la panon.
3. Li havas fortajn hundojn.
4. La ĉielo estas bluaj.
5. La pomoj estas ruĝa.

(답은 p.107에 있습니다.)

(4) 수사

100 = cent   1000 = mil

Mi havas nur *unu* bileton. (나는 표를 한 장만 가지고 있다)
I have only one ticket.

◆ 기본수사를 조합하여 다른 수를 만든다.

12 = dek du, *twelve*   79 = sepdek naŭ, *seventy-nine*

826 = okcent dudek ses, *eight hundred and twenty-six*

1995 = mil naŭcent naŭdek kvin, *nineteen ninty-five*

◆ 0이나 백만 이상의 수는 명사형으로 나타낸다.

nulo(0), dek du milionoj(1200만) *twelve million*

Seulo havas 10 *milionojn* da loĝantoj (서울에는 1천만 명의 주민이 있다) *Seoul has 10 million dwellers.* (loĝantojn이라고 하는 목적격으로 쓰는 것에 주의)

Tiu ĉi libro havas *ducent sepdek* paĝojn. (이 책은 모두 270쪽이다) *This book has two hundred and seventy pages.*

◆ 소수는 다음과 같이 나타낸다.

nulo punkto tri ok (0.38), *zero point three eight*

★ 형용사 어미 -a 또는 부사어미 -e를 기본수사 다음에 붙여서
서수사를 나타낸다.

---

la tri*a* (제3의), unu*e* (최초에, 처음에는)

◆ 날짜·시각은 서수로 나타낸다.

unu-*a* (제1의) *first* ; tri-*a* (제3의) third ;
kvar-*a* (제4의) fourth ; sepdek ses-*a* (제76회의) *seventy
-sixth* ; dudek naŭ-*a* (29일) *twenty ninth*

Kio estas la dato hodiaŭ? (오늘은 며칠입니까?) *What day
is it today?* (Kiun daton ni havas hodiaŭ?라고도 한다.)

Hodiaŭ estas la *dudek naŭa* tago de julio. (오늘은 7월 29
일이다) *Today is twenty-ninth of July.* (시각, 날짜, 기상 등의
자연현상 중에서 동사가 나타내는 동작의 사실상의 주어가 없는
경우에는, 주어(영어의 It is ~에 해당하는 것)를 두지 않는다.)

Hodiaŭ estas dimanĉo. (오늘은 일요일이다) *Today is
Sunday.*

Kioma horo nun estas? (지금은 몇 시냐?) *What time is it
now?*

La dekunua kaj tridek kvar. (11시 34분) *It is eleven
thirty-four.*

Pluvas kaj pluvas senfine, senhalte. (끝없이 언제까지나 비
가 내린다) *It rains and rains without end, ceaselessly.*

```
★ 배수사는,     -obl
  분수는,       -on 를 붙여서 만든다
  집합수사는,   -op
```

du*obl*a (2배의) *double* ; du*on*a (2분의 1) half ;
du*op*a (2인 1조의) ; *in duo*

```
★ 그밖에 명사적 수사나 부사적 수사도 있다.
```

du*on*o (반, 절반) *half* ; aprobita du*on*e (절반 찬성) *half
approved* ;
trio (트리오, 3인 1조) *triple ;* tri*op*e (3인 1조로) *triple*

```
★ 배분을 나타낼 때에는 전치사 -po를 쓴다.
```

po du homoj el 5 urboj (5개 도시로부터 2인씩) *two
persons from five cities*

〈연습 4〉 다음의 단어를 에스페란토로 쓰시오.
  1. 1859   2. 21   3. 1/6   4. 4인 1조의
  5. 한 사람에 책 3권씩   6. 4시 57분

(답은 p.107에 있습니다.)

문화 산책

해외여행에서 사용하는 에스페란토 (1)

해외여행에서는 상대가 에스페란토를 알지 못하는 경우와, 상대도 에스페란토 사용자인 경우가 있습니다. 이태리 스페인 등 로망스어계의 언어를 사용하는 나라에서는, 각 민족어가 에스페란토와 매우 비슷하므로, 상대가 에스페란토를 몰라도 일방적으로 에스페란토를 사용해서 통하기도 하고, 상대의 말을 알아듣기도 합니다. 이태리 영화도 자막 없이 알아듣기도 합니다.

해외여행을 가더라도, 누구나 에스페란토를 알아듣는 것이 아니므로, 만날 사람을 미리 좀 사귀어 놓고 간다든가, 세계에스페란토협회(UEA)의 연감(Jarlibro)을 보고 이 조직의 지역대표(delegito)등의 사람들과 연락을 해 두거나 해서, 상대에게 별다른 폐를 끼치지 않는 범위에서 여행의 즐거움을 만끽하시기 바랍니다.

◇ **문법 메모**

부사, 기본수사, 전치사에 품사 어미를 붙여서 동사, 명사, 파생부사, 형용사를 만들 수 있다.
ne-i(부정(否定)하다), nul-ig-i(취소하다, 없애다),
unu-o(단위), ekster-e(밖에서), morgaŭ-a(내일의)

(5) 인칭대명사

```
★      단수                           복수
  mi (나/ 저) I                  ni (우리)              we
  vi (너/ 당신) you              vi (너희들/ 당신들) you
  li (그 남자) he                    (그들)
  ŝi (그 여자) she          ili {  (그녀들)            they
  ĝi (그것) it                      (그것들)
  재귀대명사  si      (자신)    self, own
  일반인칭    oni   (누군가/ 사람들) one, they, you


  vi 대신에 ci [너(*친밀한 사이)]라는 말도 있다.
```

★ 인칭대명사가 수식하고 있는 명사가 목적격일 경우에는, 그 인
칭대명사에도 목적격 어미 -n를 붙인다.

인칭대명사의 목적격은, 동사의 목적어로서만 사용된다.
Mi amas *vin*. (나는 그대를 사랑합니다) *I love you.*
Mi konas *lin*. (나는 그 남자를 알고 있다) *I know him.*
(*koni는 '서로 잘 안다', scii는 '지식이 있다'의 의미)
Ili estas gefratoj. (그들은 형제자매이다) *They are siblings.*

★ 인칭대명사에 형용사어미 -a를 붙여서 소유형용사를 만든다.

via ĉiĉerono (당신의 여행가이드) *your tour guide*
mia edzo (내 남편) *my husband*

via lando (너의 나라) *your country*

ŝia kajero (그 여자의 공책) *her note book*

소유형용사에는, 명사의 수와 격에 일치하는 어미 -j와 -n을 붙인다.

Mi rigardis mia*n* brakon. (나는 내 팔을 바라보았다)
I looked at my arm.

La infano serĉas sia*jn* gepatrojn. (그 어린아이는 자기 부모를 찾고 있다) *The child searches for its parents.*

Ŝi prenis miajn ŝuojn. (그 여자는 내 신발을 집어 들었다)
She took my shoes.

◆ 인칭대명사의 주격 앞에 전치사를 두고, 주격과 목적격 이외의 격(여격, 탈격)을 나타낸다.

al li (그 남자에게), de vi (당신으로부터)

◆ 인칭대명사의 재귀형은, 주격을 술부에서 재현하는 경우에 사용한다. 어미변화는 원형의 어미변화와 동일하다. si를 3인칭으로 사용하는 경우에는 주격이 아닌 경우로만 사용한다.

sin (자신을), sia (자신의), sian (자신의 것을)

Ŝi skribis *sian* nomon. (그 여자는 자기 이름을 썼다)
She wrote her own name.

Ŝi skribis *ŝian* nomon. (그 여자는 그 여자(다른 여자)의 이름을 썼다)
She wrote her name.

◆ 일반인칭 oni는, 일반 사람들, 불특정 다수의 사람들을 지칭하는 경우에, 주어로서만 사용한다.

Oni diras tiel. (그러한 이야기가 나오고 있다) *That's what they say.*

Oni ne forgesas sian unuan impreson pri la Universala Kongreso. (사람들은 세계대회에 대한 첫인상을 잊지 않는다) *One does not forget one's first impression of the Universal Congress.*

Oni diras, ke la inaŭguro baldaŭ komenciĝos. (개회식은 곧 시작될 것이라고 한다) *They say that the opening ceremony will begin soon.*

〈연습 5〉 ( ) 속에 단어를 넣어서, 에스페란토 번역을 완성하시오.

1. 그 남자의 나라 ( ) lando
2. 나는 당신의 이름을 썼습니다.
   Mi skribis ( ) ( ).
3. 그 남자는 자기의 공책을 집어 들었다.
   Li prenis ( ) kajeron.

(답은 p.107에 있습니다.)

해외여행에서 사용하는 에스페란토 (2)

책의 저자는 1962년 아직 해외여행이 드물던 시절에 유럽 8개국을 한 달 반 동안 돌아다녔습니다. 1974년에는 폴란드, 체코슬로바키아, 헝가리 등 동유럽을, 그 뒤에는 스위스, 영국, 오스트리아, 스페인, 프랑스를 여행하고, 언제나 에스페란토를 유용하게 사용하였습니다만, 특히 동유럽에서 에스페란토가 크게 도움이 되었습니다. 만약 에스페란토를 사용하지 못하였다면, 차표 한 장도 살 수가 없었을 것입니다. 독일의 뮌헨에서는 호텔을 잡지 못하고, 역전에서 해가 저물도록 하릴없이 멍하니 서 있는 것을, 에스페란티스토인 여대생이 에스페란토 배지를 달고 있는 것을 보고 말을 걸어와서, 자신이 공부하고 있는 여자대학의 기숙사로 데려다 주었습니다. 여름 방학 동안에는 기숙사를 임시 호텔처럼 개방하는 일도 있어서, 하루 몇 천 원 정도의 숙박비로 머물 수가 있었습니다.

Pasporta Servo라는 것이 있는데, 이것은 여행 중인 에스페란토 사용자를 무료로 재워주기 위한 민박 시스템이고, 주소록이 매년 발행되고 있으므로, 거기에 등록되어 있는 사람들의 집을 찾아서 머물면 되는 것입니다. 서로 편지를 주고받거나 SNS에서 사귀어 알게 된 사이라면 서로 재워 주고 또 숙박 신세를 지면서 지낸다면 그것도 참 즐거운 일이겠지요. 하지만 에스페란티스토의 호의를 너무 이용해서 상대방에게 수고나 시간의 부담을 지운다면 이것은 도리가 아닐 것입니다. 이러한 민박은 그 나라 사람들의 있는 그대로의 모습을 보고 체험할 수가 있는 것이고, 일반 여행자에 비하여 커다란 특전을 받는 것이라고 할 수 있겠습니다. 민박 신세를 지게 될 경우에는 내 나라의 문화를 소개하는 사진, 음악, 요리 따위를 하나쯤 준비하여 간다면 더욱 좋겠지요.

(6) 동사

> ★ 동사의 어미는 다음과 같다.
>
> 부정형 -i   미래   -os
> 현재   -as   명령   -u
> 과거   -is   가정법 -us

Li povas leg*i* la libron. (그 남자는 그 책을 읽을 수 있다)

Li leg*as* la libron. (그 남자는 그 책을 읽는다)

Li leg*is* la libron. (그 남자는 그 책을 읽었다)

Li leg*os* la libron (그 남자는 그 책을 읽을 것이다)

Leg*u* la libron. (그 책을 읽어라)

Li leg*us* la libron. (그 남자는 그 책을 읽을지도 모르겠다)

> ★ 동사의 어미는, 주어의 성·수·인칭에 따라서 변화하지 않는다.

Ili ludas tenison. (그들은 테니스를 친다) *They play tennis.*

Ŝi ludas tenison. (그 여자는 테니스를 친다) *She plays tennis.*

1. 동사의 직설법 현재 -as는, 다음과 같이 사용된다.

1) 현재의 동작, 상태, 진리, 법칙

La membroj kantas. (회원들은 노래한다)

The members sing.

Mi estas sata. (나는 배가 부르다) *I am full.*

Oro brilas eterne. (황금은 영원히 빛난다)

Gold shines forever.

2) 현재 계속 중인 동작

Kion vi vidas? (무엇을 보고 있느냐? *Kion vi estas vidanta라고 하지 않는다.) *What are you looking at?*

2. 동사의 과거형 -is는, 다음과 같이 사용된다.

1) 과거

Mi trovis ĝin. (나는 그것을 발견했다) *I found it.*

Mi vidis la anoncon. (나는 알림을 보았다) *I saw the notice.*

2) 현재완료

Mi ĵus finis mian laboron. (나는 할 일을 막 마쳤다) *I have just finished my work.*

3) 과거의 습관적 동작(접미사 -ad를 붙이는 경우가 많다.)

Ŝi vizitadis la parkon. (그 여자는 그 공원을 곧잘 가곤 했다.) *She used to visit the park.*

3. 동사의 미래형 -os는, 미래에 있어서의 상태·동작·사실을 나타낸다.

Ni iros al Parizo. (우리는 파리에 갈 것이다) *We will go to Paris.*

Laŭ la programo tiu ĉi kunsido finiĝos je la dek unua horo. (프로그램에 따르면 이 집회는 11시에 종료될 것이다) *According to the program, this meeting will finish at eleven o'clock.*

4. 동사의 가정법 -us는, 다음과 같이 사용한다.

1) 사실과 다른 가정(전제와 귀결의 양쪽에서 사용한다)

Se li scius, ke mi estas tie ĉi, li tuj venus al mi.
[내가 여기 있다는 것을 그 남자가 안다면, 그 남자는 곧 나에게 올 텐데(*실제로는 오지 않는다.)] *If he knew that I were here, he would come immediately.*

2) 불확실한 가능성, 상상에서 생긴 의견

Ŝi partoprenus en la Kongreso, se ŝi povus. (가능 하면 그 여자는 대회에 참가할 것이다) *She would attend the congress, if she could.*

3) 조심스러운 요구와 희망, 매우 정중한 어투

Ĉu vi bonvolus pruntedoni al mi vian plumon? (죄 송하지만 펜을 좀 빌릴 수 있을까요?) *Would you please lend me your pen?*
Mi preferus bananon. (저는 바나나를 받겠습니다) *I would prefer a banana.*

〈연습 6〉 (   ) 속에 단어를 넣어서, 에스페란토 번역을 완성하시오.

1. 나는 아마도 대회에 참가할 듯합니다.
   Mi (   ) en la kongreso.
2. 그 여자는 노래를 합니다.
   Ŝi (   )
3. 당신의 책을 빌려주시지 않겠습니까?
   Ĉu vi (   ) pruntedoni vian libron?

4. 나는 서울에 갔습니다.

  Mi (   ) al Seulo.

5. 그 바나나를 드세요.

  (   ) la bananon.

(답은 p.107에 있습니다.)

5. 부정(不定)형: 동사는 사전에는 부정형(예를 들면, legi형)으로 실려 있다.

다음과 같은 경우에는 부정형을 사용한다.

1) 주어로서 (동사가 주어이므로 부사로써 받는다)
Paroli estas facile. (말하는 것은 쉽다) *It's easy to speak.*

2) 보어로서
Mi amas *ridi*. (나는 웃는 것을 좋아한다) *I love to laugh.*
Nia celo estas *komuniki* internacie. (우리의 목적은 국제적으로 교류하는 것이다) *Our purpose is to communicate internationally.*

3) 형용사 대신에 사용한다.
Estas tempo *paroli*. (말할 시간이다) *It is time to speak.*

4) 동사의 목적어로서
Lia avo komencis *korespondi*. (내 할아버지는 편지교환을 시작했다) *His grandfather began to correspond.*

동사 devi (~해야만 한다), deziri (~하고 싶다), povi (~ 할 수 있다), voli (~하고 싶다)는 동사의 부정형을 목적어로 해서 사용한다.

Mi devas *legi* la ĵurnalon. (나는 신문을 읽어야만 한다)
I must read the newspaper.

Vi devus *esti* la plej feliĉa el ĉiuj viroj. (당신은 모든 남자들 중에서 가장 행복한 사람임에 틀림없을 것이다)
You should be the happiest of all men.

Mi povas *paroli* rapide. (나는 빠르게 말할 수 있다)
I can speak rapidly.

5) 전치사 [por(~하기 위하여)나 anstataŭ(~하는 대신에) 등]의 다음에 두어서 동사의 보어가 된다.

La ligo uzas la paperon por *propagandi* sian celon. (연맹은 스스로의 목적을 선전하기 위하여 그 신문을 이용한다) *The league uses the paper to promote its own purpose.*

6) 추상명사와 마찬가지로 사용한다.

Oni rimarkis la bezonon *instrui* muzikon. (음악을 가르칠 필요가 있음을 모두가 알게 되었다) (*instrui는 de instruo와 같다.) *They noticed the need to teach music.*

6. 명령형: 동사의 명령형 어미는 -u이다.

1) 명령형은 누군가에 대한 명령·의뢰·요구·금지 따위를 나타낸
   다. 명령형에서는 보통 주어를 생략한다.
   Marŝu pli rapide! (더 빨리 걸어라) *Walk more rapidly!*
   Bonvolu doni krajonon al ŝi. (그 여자에게 연필을 주시
   오) *Please give a pencil to her.*

2) mi를 주어로 하는 명령형은, 주어의 결의를 나타낸다.
   Mi *kaptu.* (내가 잡겠다) *Let me catch.*
   Li petis, ke mi *instruu* Esperanton. (그 사람은 내가 에
   스페란토를 가르치라고 부탁했다. *He asked me to teach
   Esperanto.*

3) ni를 주어로 하는 명령형은, '같이 ~하자'고 하는 청유를 나타
   낸다.
   Ni *kaptu* la venontan aerplanon. (우리 다음 편 항공기를
   탑시다) *Let's catch the next airplane.*

4) mi 또는 ni를 주어로 하는 명령형을 의문문으로 하면, 당신의
   원망이나 요구를 묻는 것이 된다.
   Ĉu ni *iru?* (우리 같이 갈까요?) *Shall we go?*
   Ĉu mi *iru?* (내가 갈까요?) *Shall I go?*

5) 3인칭을 주어로 하는 명령형, 간접의 명령, 의뢰, 요구, 금
   지나 직접의 원망을 나타낸다.
   Ŝi *iru.* (그 여자를 가게 하세요) *I want her to go.*
   La estro *helpu* min. (대표님께 도움을 요청합니다)
   I want the chief to help us.

〈연습 7〉 (   ) 속에 단어를 넣어서, 에스페란토 번역을 완성하시
오.
1. 나는 신문을 읽을 수 있습니다.
   Mi (   ) (   ) la ĵurnalon.
2. 시작합시다. Ni (   )!
3. 그 사람을 가게 하세요. Li (   )!

(답은 p.107에 있습니다.)

★분사 : 동사의 어간에 다음의 접미사를 붙여서 분사(형용사 또는
부사적으로 쓰인다)를 만들 수 있다.

	능동형	수동형
진행	-ant- (~하고 있다)	-at- (~되고 있다)
완료	-int- (~를 다 마쳤다)	-it- (~되기를 다 마쳤다)
예정	-ont- (~하려고 한다)	-ot- (~되려고 한다)

★ 능동분사 (진행형)의 모든 태는 다음과 같이 만든다.
   esti의 임의의 형태 + 동사의 능동분사

  Mia onklo *estas rakontanta* la veran historion. (아저씨는
진실된 역사를 이야기 하고 있는 중이다) *My uncle is telling
the true history.*

1. 동사어간에 붙이는 분사접미사 뒤에는 품사 어미 -a, -e, -o
   를 붙여서 분사형용사, 분사부사, 분사명사를 만든다.
   sekv-ant-a (계속 이어지는, 다음의)   (분사형용사)
   parol-ant-e (말하면서)   (분사부사)

esper-ant-o (희망하는 사람)　　　　(분사명사)

2. **분사형용사는, 동사어간에 분사접미사와 -a를 붙여서 만든다.**
   ven-ont-*a* (계속 이어질, 다음의)
   분사형용사는, 한정형용사로도 서술형용사로도 사용된다.
   venonta taksio (다음에 올 택시) (한정)
   La taksio estas *venonta* (저 택시는 이쪽으로 오려고 하고
   있는 참이다) (서술) *The taxi is coming.*

   분사형용사는, 동사의 목적어의 서술형용사가 된다. 그 경우의
   분사의 수는 명사의 수와 일치하지만, 격은 일치하지 않는다.
   (아래의 예는 목적격과 주격이다. 그러나 한정형용사의 경우에는
   격도 일치한다)
   Mi rigardis akvon *falanta* sur la straton. (나는 길바닥으
   로 물이 떨어지고 있는 것을 보았다) *I watched water
   falling on the street.*
   Mi rigardis akvon *falintan* sur la straton. (나는 길바닥
   에 물이 뿌려진 모습을 보았다) *I looked water which had
   fallen on the street.*

3. **분사형용사는, 동사 esti의 현재형, 과거형, 미래형과 조합되어
   때를 나타낸다.**
   La bebo estas *dormanta*. (아기가 잠자고 있다.) (*현재의
   계속) *The baby is sleeping.*
   Mi estis *stariĝonta*. (나는 그때 일어서려고 하고 있었다.)
   (과거에 있어서의 장래) I was about to stand up. (*-iĝ-는
   ~하다/ 되다를 의미하는 접미사이다.)

Ŝi estis *mortinta.* (그 여자는 이미 죽어 있었다)
(*과거에 있어서의 완료) *She had already died.*

4. 분사형용사는, 동사로서의 목적어와 보어를 가질 수가 있다.

La studentino *portanta* ombrelon estas ĉarma. (우산을 가지고 있는 여학생이 귀엽다) (*ombrelo는 porto의 목적어이다.) *The female student carrying an umbrella is charming.*

5. 분사형용사를 사용한 현재진행 형태는, 중복적인 느낌이 있으므로, 단순시제로 나타내는 경우가 많다.

La knabo estas dormanta. (소년은 잠자고 있는 중이다)
The boy is sleeping.
La knabo dormadas. (소년은 계속 자고 있다)
(*-ad-는 계속을 나타내는 접미사이다.) *The boy sleeps.*

6. 분사부사는, 목적어나 전치사구를 수식한다.

vidante la dramon (그 연극을 보면서)
promenante sur la strato (거리를 걸으면서)

7. 분사부사의 의미상의 주어는, 그것이 걸리는 문장의 주어와 동일하다.

Promenante la straton, li rigardis min. (거리를 걸으면서 그 남자는 나를 바라보았다) (*Promenante의 주어는 다음에 오는 문장의 주어와 같다.) *Walking on the street, he watched me.*

8. 분사부사는, 동사로서의 목적어나 보어를 취할 수가 있다.

aŭskultante la muzikon (음악을 들으면서)

listening to the music. (*music은 aŭskulti의 목적어)

9. 분사명사는 보통, 사람을 의미한다.

gvidanto (지도자) ; *peranto* (중개자)

★ 수동형 : 수동동사의 모든 태는, 다음과 같이 만든다.
esti의 임의의 형 + 동사의 수동분사

---

esti의 임의의 형 + 동사의 수동분사

Mi *estas invitata.* (나는 초대받았습니다) *I am invited.*

★ 수동의 전치사는, de(~에 의하여)를 사용한다.

La poŝtkarto *estis ricevita* de Fraŭlino Erika. (그 엽서는
에리카 양에 의하여 수취되었다) *The post card was received*
by Miss Erika.

Mi *estis kaptita* de la urso. (나는 곰에게 붙들렸다) *I was*
caught by the bear.

〈연습 8〉 (   ) 속에 단어를 넣어서, 에스페란토 번역을 완성하시
오.

1. 다음 대회 (   ) kongreso
2. 그 여자는 잠을 자려고 하고 있었다. Ŝi estis (   ).
3. 대회 편람을 가지고 있는 소년이 귀엽다.

La knabo (   ) la kongreslibron estas ĉarma.

4. 그 개를 보면서, 나는 그 고양이를 붙잡았다.

   (   ) la hundon, mi kaptis la katon.

5. 그 극은 에스티스토들에게 감상되었다.

   La dramo estis (   ) de la esperantistoj.

(답은 p.107에 있습니다.)

(7) 부사

★ 부사의 어미는 -e이다.

부사에는 어미 -j를 붙이지 않는다. 부사는 동사, 형용사, 다른 부사를 수식한다.

다른 품사도 될 수 있는 어근에 -e를 붙여서 만드는 부사를 파생부사라고 한다.

nov-a (새로운) nov-e (새롭게)

Mia frato *kuraĝe* faris tion. (내 형/아우가 용기를 내어서 그 일을 했다) *My brother did that bravely.*

Organizanto laboras *diligente.* (조직자는 부지런히 일한다) *An organizer works hard.*

★ 부사의 비교형은 형용사와 마찬가지이다.

Patrino agis *pli vigle.* (어머니는 더욱 활발히 활동하였습니다) *Mother acted livelier.*

Li kuris *plej rapide* en sia klaso (*la를 붙이지 않는 것에 주의할 것). (그는 자기 학급에서 가장 빠르게 달렸다) *He ran the fastest in his class.*

1. 어미 -e를 붙이지 않고 어근만을 사용하는 본래부사가 있다. 이것들은 자주 쓰이므로 외워 두는 것이 좋다.

1) 시간을 나타내는 것

baldaŭ (머지않아), hieraŭ (어제), hodiaŭ (오늘), jam (이미), ĵus (방금), morgaŭ (내일), nun (지금), tuj (즉시)

2) 정도나 비교를 나타내는 것

ankoraŭ (아직), apenaŭ (겨우), ĉirkaŭ (대략), kvazaŭ (마치), plej (가장), pli (더), plu (계속해서), preskaŭ (거의), tre (매우), tro (너무)

2. 방향이나 장소를 나타내는 부사에 목적격어미 -n을 붙이면, 이동의 방향을 나타낸다.

tien (그쪽으로), ĉi tien (이쪽으로), dekstren (오른쪽으로), norden (북쪽으로), hejmen (집으로)

Kien vi iras? (당신은 어디로 갑니까?) *Where are you going?*

Mi portos la skatolon *tien.* (나는 그 상자를 그곳으로 옮길 것이다) *I will carry the box over there.*

〈연습 9〉 ( ) 속에 단어를 넣어서, 에스페란토 번역을 완성하시오.

1. 그 곰은 저쪽으로 갔다. La urso iris (   ).
2. 오늘은 4월 15일이다. (   ) estas la 15-a de aprilo.
3. 개는 고양이보다 빠르게 달렸다.
   La hundo kuris (   ) (   ) ol la kato.

- 85 -

4. 나의 형은 가장 부지런히 독일어를 공부했다.

Mia pliaĝa frato lernis germanan lingvon (   )
diligente.

(답은 p.108에 있습니다.)

(8) 전치사

1. da는 양이나 수를 나타낼 때에, 보통명사나 물질명사 앞에 붙이는 전치사. (*da의 뒤에 오는 명사는 언제나 주격이다.)

Nur kelke *da* homoj sidis en la ĉambro. (실내에는 몇 사람만이 앉아 있었다) *Only a few people sat in the room.*
Li trinkis tason *da* teo. (그 남자는 차를 한 잔 마셨다) *He drank a cup of tea.*
La urbo havas unu milionon *da* loĝantoj. (그 도시는 인구가 100만이다) *The city has one million dwellers.*
Mi aĉetis dekduon *da* ovoj. (나는 달걀 한 다스를 샀다) *I bought a dozen eggs.*
Ĉi tiu rivero havas 200 kilometrojn *da* longo. (그 강은 길이가 200킬로미터이다) *This river is 200 kilometers long.*

★ 모든 전치사 뒤에는 원칙적으로 명사 또는 대명사의 주격이 온다.

1. 명사를 두는 예

Li klopodis *por* la grupo ĉiutage. (그 남자는 이 그룹을 위하여 매일 노력했다) *He strived for the group everyday.*
Diru *al* via gvidanto, ke ni ricevis lian mesaĝon. (우리가

당신네 리더의 메시지를 받았다고 그에게 말해 주시오)

Tell your leader that we received his message.

La letero estas *sur* la tablo. (그 편지는 책상 위에 있다)

The letter is on the desk.

Antaŭ la halo, haltas la aŭtobuso. (홀 앞에 버스가 정차한
다.) *The bus stops in front of the hall.*

La prezidanto estas *en* la preĝejo. (회장은 교회 안에 있습
니다) *The president is in the church.*

Mi vojaĝos *en* Hispanio. (나는 스페인에서 여행할 것입니다)

I'll travel in Spain.

La traduko *de* la membroj estas lerta. (그 회원들의 번역
은 우수하다) *The translation by the members is skillful.*

De mia leteramiko mi ricevis poŝtkarton hieraŭ
vespere. (나는 내 편지 친구로부터 어제 저녁 엽서를 받았다)
*I received a post-card from my penpal yesterday
evening.*

2. 대명사를 두는 예

Donu *al* mi. (나에게 주시오) *Give me.*

La gazeto apartenas *al* mi. (그 잡지는 나의 것입니다/ 나에
게 속한다) *The gazette belongs to me.*

Mi deziras *al* vi bonan matenon, sinjoro! = Bonan
matenon, sinjoro! [(아침에) 안녕하세요?] *Good morning,
Sir!*

〈연습 10〉 (   ) 속에 단어를 넣어서, 에스페란토 번역을 완성하

시오.

1. 박사는 커피를 한 잔 마셨다.

   Doktoro trinkis unu tason (   ) kafo.

2. 그 남자는 당신에 대해서 이야기했습니다.

   Li parolis (   ) (   ).

3. 그 남자의 뒤에는, 그 여자만이 따라 갔습니다.

   (   ) (   ) nur ŝi sekvis.

(답은 p.108에 있습니다.)

(9) 전치사와 목적격

> ★ 어느 전치사를 써야 좋을지 정할 수가 없는 경우에는, 의미가 정해져 있지 않은 전치사 je를 사용한다. je 대신에 전치사를 쓰지 않고 그 뒤에 오는 명사나 대명사에 목적격을 써도 좋다.

je는 다음의 경우에 사용한다.

1. 시각

Ŝi revenis *je* la deka horo. (그 여자는 10시에 돌아왔다)
She returned at ten o'clock.

Je la tagmezo ni malfermis la kunsidon. (우리는 모임을 정오에 시작했다) *We opened the meeting at the noon.*

Je kioma horo la inaŭguro komenciĝos? (개회식은 몇 시에 시작됩니까?) *What time will the opening ceremony begin?*

2. 수량 (길이·높이·무게 따위)

Ŝi estas pli alta ol mi *je* 5cm. = Ŝi estas 5 centimetrojn pli alta ol mi. (그 여자는 키가 나보다 5센티미터 더 크다) *She is 5cm taller than me.*

3. 동사의 보어

Mi malsaniĝis *je* la stomako. (나는 위가 아프게 되었다)
I became sick to my stomach.

Ili tenis sin reciproke *je* la manoj. (그들은 서로 손을 잡

고 있었다) *They hold each other's hands.*

4. 형용사의 보어

Li estas riĉa *je* sperto. (그 남자는 경험이 풍부하다) *He is rich in experience.*

〈연습 11〉 ( ) 속에 단어를 넣어서, 에스페란토 번역을 완성하시오.

1. 저 버스는 몇 시에 되돌아옵니까?

   (   ) kioma horo la aŭtobuso revenos?

2. 우리들은 6시에 출발할 것이다.

   Ni ekveturos (   ) (   ) (   ) horo.

3. 다들 그 여자의 팔을 잡았다.

   Oni tenis (   ) (   ) la brako.

(답은 p.108에 있습니다.)

컴퓨터와 인터넷의 이용

우리는 컴퓨터 보급과 인터넷의 발달로 전 세계의 모든 정보와 통신을 마음대로 이용하고 누릴 수가 있는 21세기에 살고 있습니다.

20세기만 하더라도 세계의 소식을 손수 찾아서 들으려고 주로 단파방송으로 수신하는 국제방송이라는 것을 찾기 일쑤였고, 아마추어 무선을 이용하여 세계 각지의 사람들과 대화를 하고 외국어 공부도 열심히 하면서 즐거워하였습니다. 그와 비슷하게 발달한 것이 텔레비전을 시청하는 것이었으나, 텔레비전의 채널이라는 것도 대여섯 개에 불과하였습니다. 금세기에 들어서서 지난 세기를 돌아보면 까마득한 옛날을 보는 듯한 기분입니다.

인터넷상에서의 사이버 백과사전이라고 할 수 있는 위키피디어(Vikipedio)를 찾아보면 에스페란토로 된 항목도 이미 수십만 건을 넘어섰고, http://eo.wikipedia.org에서 제대로 정보의 바다를 항해할 수 있습니다.

에스페란토의 세계적인 조직을 검색하고 이용하려면 우선 세계에스페란토협회를 찾아보는 것이 좋습니다. http://www.uea.org를 찾아보기 바랍니다. 이곳에 들어가면, 세계에스페란토협회의 회원이 되는 것을 비롯하여, 도서구입, 세계에스페란토대회 참가, 그밖에 링크된 수많은 단체로의 연결 등 에스페란토와 관련된 무수한 활동을 즐길 수 있습니다.

또한 이제는 구체적인 인터넷 주소를 열거해 줄 필요도 없습니다. 검색도 원하는 단어를 넣어서 두세 단계만 모색하면 못 찾을 것이 없을 것입니다. 에스페란토를 즐기고자 하는 의지만 있으면 거의 충분한 것이 아닐까 싶습니다.

(10) 목적격

Jam estas tempo iri *hejmen*. (이젠 집에 갈 시간이다)
It's already time to go home.
Ŝi turniĝis *orienten*. (그 여자는 동쪽으로 방향을 꺾어 갔다)
She turened to the east.
Ni piediru *tien*. (우리 저쪽으로 걸어가자) *Let's walk there.*

1. 이동의 목표를 나타내기 위하여, 전치사 al 대신에 명사의 목적격을 사용할 수 있다.

Mi iros al la flughaveno. (나는 공항에 갈 것이다)
Mi iros la *flughavenon*. (나는 공항에 갈 것이다.)
I'll go to the airport.
Postmorgaŭ mi veturos *Tokion*. (모레, 나는 도쿄로 갈 것이다) *The day after tomorrow I will travel to Tokyo.*

2. 길이, 무게, 높이 기타의 양, 값 따위를 나타내는 때에, 명사의 목적격을 사용할 수 있다.

Ĉi tiu bastono estas *3 metrojn* longa. (이 막대는 3미터이다) *This stick is 3 meters long.*
La libro kostas *7 eŭrojn*. (그 책은 7유로이다) *The book costs 7 euro.*

3. 날짜, 시간, 도수, 순서 따위를 나타낼 때에, 명사의 목적격을

전치사 대용으로 사용할 수 있다.

en la 15a de decembro = la 15*an* de decembro (12월15일)

dum 4 horoj = 4 horojn (4시간 동안)

Ŝi revenis al mi la *naŭan* horon. (그 여자는 9시에 나에게
로 돌아올 것이다) *She returned to me at nine o'clock.*

Ŝi revenis al mi je la naŭa horo. (*위와 같다.)

4. 전치사 뒤의 명사를, 다음의 경우만은 목적격으로 한다.

1) 장소를 나타내는 부사구가 이동하는 방향을 나타낼 때

La birdo flugas en la *kaĝon*. (그 새는 새장 안으로 날아
들어간다) *The bird flies into the cage.*

cf. La birdo flugas en la kaĝo. (그 새는 새장 안에서 날고
있다) *The bird flies around inside the cage.*

Lia biciklo falis en la *maron*. (그 남자의 자전거는 바다
속으로 떨어졌다) *His bicycle fell into the sea.*

2) 상태변화의 결과를 나타낼 때

La glaso rompiĝis en *pecetojn*. (컵이 산산조각 났다)
The glass broke into pieces.

〈연습 12〉
다음의 에스페란토 문장을 한국어로 옮기시오.

1. Mi iros Londonon.
2. La pomo kostas 2 eŭrojn.
3. Li revenos al ĝi la okan horon.
4. La hundo kuris en la domon.

(답은 p.108에 있습니다.)

(11) 발음

★ 각 단어는 쓰인 대로 발음한다.

무성(無聲)어미 등은 없다.

〈연습 13〉
다음 단어를 발음해 보시오.
1. kioma horo (몇 시)
2. jenajn vortojn (다음의 단어들을)
3. nepre necesa (반드시 필요한)
4. ĉarma bebo (귀여운 아기)
5. en la ĝardeno (뜰 안에서)
6. ŝatata bildo (좋아하는 그림)
7. ĵaŭdo (목요일)

(답은 p.108에 있습니다.)

(12) 액센트

★ 액센트는 항상 끝에서 두 번째 모음에 둔다.

kongreso (대회), rondo (원, 동아리), kunsido (회합, 집회),
lernanto (학생)

◆ 액센트가 두어진 모음 뒤에, 자음이 하나 계속될 때에는, 액센트가 있는 모음을 길게 장음으로 발음하면 좋다. (예: kunsido/쿤시-도)

모음 다음에 자음이 계속해서 2개 이상 이어질 경우 (예: rondo)에는 액센트가 있는 모음을 짧게 발음하면 아름답게 들린다. 접미사를 붙이면 액센트의 위치는 옮겨진다. 다만, 애칭의 접미사 -ĉjo(남자 애칭), -njo(여자 애칭)에는 모음이 포함되어 있지 않으므로 액센트의 위치는 그대로이다.

viro (남자) → virino (여자)

〈연습 14〉 다음 단어의 액센트는 어디에 있습니까?

1. hodiaŭ (오늘) 2. patrino (어머니) 3. estraro (간부)
4. kvankam (~에도 불구하고) 5. kontraŭ (~에 반대하여)

(답은 p.108에 있습니다.)

(13) 합성어

fer-voj-o (철도) = fero (철) + vojo (도로, 길)
kongres-kart-o (대회참가증) = kongreso (대회) + karto
(카드)

esperanto (에스페란토, 희망하는 사람)
= esperi (희망하다) + -ant- ('~을 하고 있는'이라는 뜻의 문
법어미)
(-anto는 '~을 하고 있는 사람'이라는 뜻)

〈연습 15〉 다음 단어의 의미를 생각해 보시오.
1. vapor-ŝipo   2. skrib-tablo   3. kun-met-itaj vortoj
4. paper-sako

(답은 p.109에 있습니다.)

(14) 부정(否定)

> ★ 부정(否定)은 ne로 나타낸다. 다만 다른 부정어가 있으면 ne
> 가 필요하지 않다.

En la manĝejo estas *neniu*. (식당에는 아무도 없다)
Nobody is in the dining room.

Li *neniam* ŝatis ŝin. (그 남자는 한 번도 그 여자를 좋아하
지 않았다) *He never liked her.*

La popolo deziras ŝanĝi *nek* la devon *nek* la rajton.
(민중은 의무도 권리도 바꾸는 것을 원하지 않았다) *The people
want to change neither the duty nor the right.*

1. 전부를 부정하는 경우에는 neni-를 사용한다.

Neniam mi mensogis. (나는 한 번도 거짓말을 하지 않았다)
I never lied.

Mi *neniel* povas kompreni, kion vi diras. (나는 네가 무
슨 말을 하는지 전혀 이해하지 못한다) *I can't understand
what you say.*

La parolanto havas *nenion*. (그 연설자는 아무 것도 가지고
있지 않았다) *The speaker has nothing.*

2. 이것도 저것도 부정하는 경우에는, 'ne ~, nek ~'을 쓴다. 이
러한 부정을 더욱 강조하는 경우에는, 'nek ~, nek ~'을 쓴다.

Mi ne trinkas kafon, *nek* teon. (나는 커피도 차도 마시지 않는다) *I don't drink coffee or tea.*

Mi trinkas *nek* kafon, *nek* teon. (나는 커피건 차건 마시지 않는다) *I don't drink neither coffee, nor tea.*

Mi renkontis *nek* lin, *nek* lian fraton. (나는 그 사람도 그 사람의 형/아우도 만나지 않았다) *I met neither him nor his brother.*

3. 긍정문의 술부동사 앞에 부사 ne를 두면 부정을 나타내는 문장이 된다.

Mi *ne* amas musojn. (나는 쥐를 싫어한다) *I don't love mice.*

Ne tuŝu ĉi tiun pakaĵon. (이 짐에 손대지 말아라) *Don't touch this package.*

4. 부정부분을 강조하는 경우에는, ne를 부정하는 단어 바로 앞에 놓는다.

Ne Lazaro amas la katon. (그 고양이를 좋아하는 것은 라자로가 아니다) *It's not Lazaro who loves the cat.*

Lazaro amas *ne* la katon. (라자로가 좋아하는 것은 그 고양이가 아니다.) *It's not the cat which Lazaro loves.*

〈연습 16〉 다음의 에스페란토 문장을 한국어로 옮기시오.

1. Mi neniam neigis vian volon.
2. Ŝi amis ne lin.
3. Mi manĝis nek panon, nek viandon.

(답은 p.109에 있습니다.)

(15) 외래어

★ 여러 개의 민족어가 같은 어원에서 나오는 경우에는, 철자만을
에스페란토 식으로 하면 그대로 에스페란토 단어로 보아도 좋다.

telefono (전화기) *telephone*
televidilo (텔레비전) *television*

★ 그러나, 외국어 하나의 어근에서 나오는 여러 가지 단어의 경
우에는, 기본어만을 변화 없이 사용하여, 그 기본어로부터 다른
단어를 에스페란토 식으로 만드는 것이 좋다.

elektro (전기) *electricity*
elektr-ejo (발전소) *power station*
elektro-motoro (전동 모터) *electric motor*
elektro-terapio (전기 요법) *electric therapy*

〈연습 17〉 다음 단어를 에스페란토로 옮기시오.

1. 컴퓨터   2. 복사기   3. 휴대폰

(답은 p.109에 있습니다.)

(16) 모음의 생략

> ★ 명사와 관사의 마지막 모음에 붙어 있는 모음을 생략하고, 생략부호(')로 대신해도 좋다.

생략해도 액센트의 위치는 변하지 않는다.

signo de l'espero = signo de la espero (희망의 표시) *sign of hope*

ho nia fratar' = ho nia frataro (오 나의 형제들이여) *Oh brothers and sisters*

la를 생략하고 l'가 될 수 있는 것은, 모음으로 끝나는 전치사 (ĉe, da, de, je, pri, po, pro, tra)의 뒤에 오는 경우뿐이다.

songo de l'homaro (인류의 꿈) *dream of the mankind*

문법 보충

1. 의문문은 Ĉu, 또는 Ki-로 시작하는 의문사를 써서 만든다.

Ĉu mi rajtas demandi? (질문을 해도 되겠습니까?) *May I ask a question?*

Ĉu vi trovis vian papersakon? (당신의 종이가방은 이미 찾았습니까?) *Did you find your paper-bag yet?*

Kio estas tio? (그것은 무엇입니까?) *What is that?*

Kie estas la akceptejo? (접수대는 어디에 있습니까?) *Where is the reception?*

Kie estas la flughaveno? (공항은 어디에 있습니까?) *Where is the airport?*

Kial vi ne respondis al mi? (당신은 어째서 네게 답을 하지 않았습니까?) *Why didn't you answer me?*

2. 상관사

	일/사물 -o	사람/사물 -u	성질 -a	소유 -es	장소 -e	이유 -al	방법 -el	때 -am	수량 -om
의문 ki-	kio 무엇	kiu 어느것/누구	kia 어떠한	kies 누구의	kie 어디에	kial 무슨 이유	kiel 어떻게	kiam 언제	kiom 얼마 만큼
지시 ti-	tio 그것/저것	tiu 그 사람/그것	tia 그러한	ties 그 사람의	tie 거기	tial 그 이유로	tiel 그렇게	tiam 그때	tiom 그 만큼
부정 (不定) i-	io 어떤 것	iu 어떤 사람	ia 어떤 성질, 종류의	ies 누군가 의	ie 어딘가 에	ial 어떤 이유로	iel 어떤 방법으 로	iam 어느 땐가	iom 약간의
전반 ĉi-	ĉio 모든 것	ĉiu 모두/ 각자의	ĉia 모든 종류의	ĉies 모든 사람의	ĉie 도처에	ĉial 모든 이유로	ĉiel 모든 방법으 로	ĉiam 언제나	ĉiom 전부
부정 (否定) neni-	nenio 어느 것도 ~아닌	neniu 누구도 ~아닌	nenia 어떠한 ~도 아닌	nenie s 누구의 ~도 아닌	nenie 어디에 도 ~없는	nenial 어떠한 이유로 도 ~아닌	neniel 어떻게 해도 ~아닌	nenia m 어느 때도 ~아닌	nenio m 조금도 ~아닌

3. 의문·지시·부정(不定)·전반·부정(否定)을 나타내는 다섯 종류의
대명사, 형용사, 부사는 어미나 어형이 서로 닮아 있으므로, 이것
들을 일괄하여 [상관사]라고 부른다.

4. 상관사 중에서 -o, -u, -a로 끝나는 것은, 명사나 형용사와
같이 -j, -n가 붙는다. (다만 kio에는 -j를 붙이지 않는다)
  상관사는 다음의 세 종류로 나뉜다.
  단어가 ki-로 시작하는 것 ------------- 의문사, 관계사
  그 밖의 단어 (ti-, i-, ĉi-, neni-로 시작하는 것) -- 지시사

5. 의문사와 관계사는 다음의 세 종류로 나뉜다
1) kio, kiu ----------------- 의문대명사, 관계대명사
2) kiu, kia, kies ------------- 의문형용사, 관계형용사
3) kie, kiam, kiel, kial, kiom -------- 의문부사, 관계부사

6. 의문대명사는 주어, 보어, 목적어가 된다.
  kio는 사물이나 사건을 일괄해서 묻는다(무엇?), 목적격에는 어
미 -n을 붙인다.
  Kio estas tio? (그것/저것은 무엇입니까?) *What is that?*
  Kion vi havas? (당신은 무엇을 가지고 있습니까?) *What do
you have?*
  kiu는 사람이나 사물을 개별적으로 묻는다. (누구? 어느 것?)
필요에 따라서 -j, -n을 붙인다.
  Kiu iras? (누가 갑니까?) *Who goes?*
  Kiujn vi instruas? (당신은 누구를 가르칩니까?)
  Whom do you teach?

7. 의문형용사 kiu(어느)와 kia(어떠한)에는 필요에 따라서 -j, -n 을 붙인다.

Kian aĝon vi havas? (몇 살입니까?) *How old are you?*

Kiajn bildojn oni vidas? (사람들은 어떠한 그림을 보고 있습니까?) *What kind of pictures do they see?*

8. 의문부사에는 -j, -n을 붙이지 않는다. (kie에 한해서는 방향 을 나타내는 목적격의 n을 붙일 수 있다)

kie (어디에), kiam (언제), kiel (어떻게), kial (왜), kiom (얼 마 만큼)

Kie vi loĝas? (당신은 어디에 살고 있습니까?) *Where do you live?*

Kien vi iras? (당신은 어디로 갈 것입니까?) *Where will you go?*

9. 글머리에 전치사를 두고, 그 뒤에 의문사를 두는 경우가 있다.

Pri kio vi verkas? (무엇에 대하여 집필하는 중입니까?) *What are you writing about?*

10. 상관사 사용 방식의 예

Kiam vi vidis nin en la salonon, ŝi jam foriris. (당신이 응접실에 있는 우리를 보았을 때에는, 그 여자는 이미 떠난 때였 다) *When you saw us in the salon, she had already gone.*

Kiam mi alvenis antaŭhieraŭ, vi jam vekiĝis. (그저께 내 가 도착했을 때에는, 당신은 이미 깨어 있었습니다) *When I arrived the day before yesterday, you had already woken up.*

Ĝia uzado estas tia, *kia* en la aliaj lingvoj. (그 사용법은 다른 제 언어들에 있어서의 사용법과 마찬가지이다) *Its usage is such as in other languages.*

Ho, *kiel* bele! (아, 얼마나 아름다운지!) *Ho, how beautiful!*

11. ti-로 시작하는 단어에는, 부사 ĉi-를 덧붙여서 좀 더 가까운 관계를 나타낸다.

tio (저것, 그것), tio ĉi (이것)

tie (저기, 거기), tie ĉi (여기에)

*ĉi는 ti-의 앞에 둘 수도 있다. ĉi tio (이것)

〈연습 18〉 다음 문장을 에스페란토로 옮기시오.

1. 당신의 성함을 여쭈어 보아도 좋겠습니까?
2. 당신은 아드님을 사랑하고 있습니까?
3. 당신은 무엇을 먹습니까?
4. 당신은 무엇에 대하여 말씀하십니까?

(*답은 p.109에 있습니다.)

○ 앞에 나온 연습 문제의 답 모음

〈연습 1 (p.56)의 답〉
x는 1, 2, 5

〈연습 2 (p.60)의 답〉
x는 2, 5

〈연습 3 (p.63)의 답〉
x는 1, 2, 4, 5

〈연습 4 (p.66)의 답〉
1. mil okcent kvindek naŭ   2. dudek unu   3. sesono
4. kvaropa   5. po tri libroj por unu homo
6. la kvara kaj kvindek sep

〈연습 5 (p.70)의 답〉
1. lia   2. vian nomon   3. sian

〈연습 6 (p.76)의 답〉
1. partoprenos   2. kantas   3. bonvolus
4. iris   5. Manĝu

〈연습 7 (p.79)의 답〉
1. povas legi   2. komencu   3. iru

〈연습 8 (p.83)의 답〉

1. venonta 또는 sekvanta   2. dormonta   3. portanta
4. Rigardante   5. rigardata

〈연습 9 (p.86)의 답〉
1. tien   2. hodiaŭ   3. pli rapide   4. plej

〈연습 10 (p.89)의 답〉
1. da   2. pri vi   3. Post li

〈연습 11 (p.91)의 답〉
1. Je   2. je la sesa   3. ŝin je

〈연습 12 (p.94)의 답〉
1. 저는 런던에 갈 것입니다.
2. 그 사과는 2유로입니다.
3. 그 남자는 그 여자가 있는 곳에 8시에 돌아올 것입니다.
4. 그 남자의 개는 집으로 뛰어 들어갔습니다.

〈연습 13 (p.95)의 답〉
(*괄호 속의 로마자는 국제음성부호)
1. 키오-마 호-로   2. 예-나인 보(vo)르토인(jn)
3. 네프레 네쩨(ʦe)-사   4. 차르마 베-보   5. 엔 라 자르데-노
6. 샤타-타 빌도   7. 자(ʒa)우(w)도

〈연습 14 (p.96)의 답〉
1. hodiaŭ   2. patrino   3. estraro
4. kvankam   5. kontraŭ

〈연습 15 (p.97)의 답〉

1. 증기선   2. 필기용 책상   3. 합성어들   4. 종이 가방

〈연습 16 (p.99)의 답〉

1. 저는 한 번도 당신의 의지를 무시하지 않았습니다.
2. 그 여자가 사랑한 것은 그 남자가 아니었다.
3. 나는 빵도 고기도 먹지 않았다.

〈연습 17 (p.100)의 답〉

1. komputilo   2. (fot)kopiilo   3. portebla telefonilo

〈연습 18 (p.106)의 답〉

1. Ĉu mi rajtas demandi vian nomon?
2. Ĉu vi amas vian filon?
3. Kion vi manĝas?
4. Pri kio vi parolas?

영어와 에스페란토의 비교

영어와 에스페란토를 비교해 보자.

■ 문법적인 부분

공통점

1. 단수, 복수의 구별이 있다.
2. 정관사를 사용한다.
3. 전치사를 사용한다.
4. 관계대명사, 관계부사가 발달되어 있다.
5. 주어+동사+목적어 라는 구문을 취한다.
6. 동사의 부정법(원형)의 용법이 있다.

다른점

1. 명사와 형용사의 격과 수를 일치시킨다.

2. 목적격을 -n로 표시한다. 이것은 어순을 자유롭게 하고, 여러 가지 강조점을 가능하게 한다.

La knabo<u>n</u> mi vidis, sed ne la knabino<u>n</u>. → *I saw the boy, but not the girl.*

3. 자동사와 타동사의 구별이 확실히 되어 있다(영어의 동사는 어느 쪽으로도 쓰이는 경우가 많다).

We will begin the lesson soon. → Ni komencos

baldaŭ la lecionon. (시작하다)

The lesson will begin soon. → La leciono baldaŭ
komenciĝos. (시작되다)

4. 형식주어 it에 해당하는 단어를 두지 않는다.

It's raining. → Pluvas.

It is true that ⋯ → Estas vere, ke ⋯

날씨 등을 나타내는 문장이나, 종속절·동사의 부정형(不定形)
이 주어가 되는 경우가 이에 해당한다.

5. 시제의 일치는 없다.

I thought he [had come./ was coming./ would come.]
→ Mi pensis, ke li venis, -as, -os.

6. 관계대명사를 생략하지 않는다.

Is this the book (which) you want to read?
→ Ĉu tiu ĉi estas la libro, kiun vi volas legi?

7. 전치사를 뒤로 보내지 않는다.

What are you talking about?
→ Pri kio vi parolas?

■ 많은 단어가 닮은 형태를 취하고 있다

곁에 놓인 에스페란토 사전에서, 손에 잡히는 대로 아무 단어나
골라서 이에 해당하는 영어 단어와 비교해 보자.
pipo (*pipe*), korto (*court*), ĉambro (*room; chamber*),

bedaŭri (*regret*), grado (*degree; grade*), kalkuli (*calculate*), leĝo (*law*), savi (*save*) 등등이 잡혔다. 이것만으로도 알 수가 있듯이, 에스페란토 단어와 영어 단어는 비슷한 것들이 많다. 에스페란토의 단어는 반 이상이 로망스어계의 단어이고, 이어서 게르만, 그리고 소수의 슬라브어계의 단어가 채택되고 있다. 영어는 게르만어계의 기초단어에 더해서 로망스어계의 단어가 유입된 것이므로, 에스페란토의 단어와 영어 단어와는 공통되는 경우가 많은 것이 당연하다.

영어와 에스페란토의 단어에 있어서는 다음과 같은 대응이 자주 보인다.

x → ks

k, z, c → k, s, c (발음에 따라서 con- → kon-)

th → t, d (*method* → metodo, *thick* → dika 등)

w → v (*warm* → varma, *wake* → veki 등)

ph → f (*telephone* → telefono)

qu → kv (*quiet* → kvieta, *quality* → kvalito 등)

cc → kc (*succes* → sukceso 등)

tion → cio (*fiction* → fikcio 등)

에스페란토의 큰 특징인 접두사·접미사도, 영어 단어에서 이미 낯이 익은 경우가 많다.

re- ("다시" <u>*re*</u>*cover*, <u>*re*</u>*vive* 등)

dis- ("분산" <u>*dis*</u>*pel*, <u>*dis*</u>*perse* …)

mis- ("오류/잘못" <u>*mis*</u>*print*, <u>*mis*</u>*lead* …)

-in ("여성" *hero*<u>*in*</u>*e* …)

-ist ("직업/전문가" *dentist, pianist* ···)
-ar ("집합" *library, vocabulary* ···)
-ebl ("가능" *possible, inevitable* ···)
-an ("일원/구성원" *academician* ···)
-ant-o ("~ 하는 자" *inhabitant*)

ec- "성질을 나타내는 접미사. -의 성질/ -다움"
blindness, darkness (blindeco, mallumeco)
beauty, honesty (beleco, honesteco)
sincerity, neutrality (sincereco, neŭtraleco)
bravery, slavery (braveco, sklaveco)

(이 항은 La Revuo Orienta 1977년 8월 특별증간호 《멋진 언어의 신세계》 pp.26-27에서 허가를 받아서 전재함.)

3. 기본 회화 예문

1) 인사

Bonvenon! (어서 오십시오) *Welcome!*

Saluton! (안녕하세요) *Greetings! (Hello!, Hi!)*

Bonan matenon! (아침 인사) *Good morning!*

Bonan tagon! (낮 인사) *Good day!*

Bonan vesperon! (저녁 인사) *Good evening!*

Bonan nokton! (안녕히 주무세요) *Good night!*

Adiaŭ. (안녕히 가세요) *Goodbye!*

Ĝis revido! (다시 만날 때까지 안녕) *Till next time!*

Ĝis! (다음에 봐요) *Till next time!*

Bonan vojaĝon! (여행 잘 다녀 오세요) *Bon voyage!*

Feliĉan vojaĝon! (즐거운 여행 다녀 오세요) *Happy journey!*

Mi ĝojas vidi vin. (만나서 반가워) *I am pleased to see you.*

Dankon! (고맙습니다) *Thank you!*

Mi tre dankas vin. (깊이 감사드립니다.) *Thank you very much.*

Tute ne. (천만의 말씀) *Not at all.*

Ne dankinde (별말씀을요) *You are welcome.*

Pardonon! (미안합니다) *Excuse me! (Pardon me!)*

Bonan apetiton! (맛있게 드세요!) *Bon appetit!*

Kiel vi fartas? (안녕하세요?) *How are you?*

Mi fartas bone, dankon. Kaj vi? (나는 건강합니다. 고맙습니다. 당신은?) *I'm fine, thank you. And you?*

2) 기본 표현

의뢰, 질문

Ĉu mi povas peti al vi? (부탁할 수 있습니까?) *May I ask you a favor?*

Ĉu vi bonvolus …? (…해 주지 않겠습니까?) *Would you please …?*

Mi petas … (부디 …를 부탁합니다.) *Please …*

Se plaĉas al vi. (혹시 괜찮으시면) *If you please.*

Kiel plaĉas al vi? (마음에 드시나요?) *How do you like it?*

Mi timas ĝeni vin. (폐가 됩니다.) *I'm afraid to trouble you.*

Kion vi diris? (뭐라 말했습니까?) *What did you say?*

Ĉu vi komprenas min? (알겠습니까?) *Do you understand me?*

승낙, 거절

Kompreneble! 물론! *Of course!*

Kun plezuro. 즐겁게 *With pleasure.*

Volonte. 기쁘게 …합니다. *With pleasure.*

En ordo! 알겠습니다. *OK!*

Bonvole. 부디 *Please.*

Tio sufiĉas. 그것으로 충분합니다 *That's enough.*

Bedaŭrinde. 유감입니다만 *I'm sorry.*

Laŭ via plaĉo. (좋으실 대로) *As you like.*
Laŭ via volo. (좋으실대로) *As you please.*
Mi bedaŭras, ke …(…를 유감으로 생각합니다) *I am sorry that …*
Mi ne komprenas. (모르겠습니다.) *I don't understand.*

명령, 지시
Atendu (기다려!) *Wait!*
Atentu! (주의!) *Atention!*
Daŭrigu! (계속하세요.) *Continue!*
Sidiĝu, mi petas. (앉아주세요.) *Please take a seat.*
Silentu! (조용히!) *Be quiet! (Silence!)*
Stariĝu! (일어서!) *Stand up!*

관용구
kiel eble plej rapide (가급적 빨리) *as fast as possible*
plej malfrue (가장 늦게) *at the latest*
iom post iom (조금씩) *little by little*
antaŭ ne longe (조금 전에) *not long ago*
alimaniere (다른 방법으로) *in another way*
ambaŭflanke (양쪽 모두) *on both sides*
fakte (사실상은) *actually, in fact*
sekve (따라서) *consequently*
unuvorte (한마디로 말해서) *in a word*

3) 실용 회화 예문

(1) 에스페란토대회에서

E : 처음 뵙겠습니다. 나의 이름은 에블라입니다. 당신 이름은?

L : 아, 당신의 이름은 에스페란토 이름이군요.
　　만나서 반갑습니다. 나의 이름은 라자로입니다.

E : 만나게 되어 반갑습니다. 실은 저는 아직 초보자입니다.
　　대회도 처음이고요…

L : 괜찮아요. A방에서 열리는 '체 쿠르소'에 참석해 보세요.

E : 네 고맙습니다. 그렇게 할게요.

L : 어떤 방법으로 에스페란토를 공부했습니까?

E : 《지구어 에스페란토》라는 책으로 독학을 했지요.

L : 정말로요? 저도 독학했는데요. 그것은 아주 유명한 책이지요?
　　그런데 어디에 살고 계십니까? 당신은 한국인이세요?

E : 네, 저는 한국인이에요. 서울에 살고 있습니다.

L : 나중에 저녁식사라도 함께 할까요? 당신(에블라)이 아주
　　멋있어서요.

E : 칭찬해 주셔서 고마워요. 기꺼이 함께 하겠습니다.

L : 7시에 여기서 기다리겠습니다.

(1) Ĉe la Universala Kongreso(UK)

E: Saluton! Mia nomo estas Ebla. Pardonon, kia estas via nomo? [Ĉu mi rajtas demandi vian nomon?]

L: Ho, via nomo troviĝas en la esperantaj vortoj! Mi estas tre ĝoja konatiĝi kun vi. Mia nomo estas Lazaro.

E: Mi estas tre ĝoja. Verdire, mi estas komencanto. Mi partoprenas en la UK por la unua fojo.

L: Ne timu. Bonvole ĉeestu ĉe la Ĉe-Kurso kiu okazos en la ĉambro A.

E: Dankon. Mi faros tiel.

L: Kiamaniere vi lernis Esperanton?

E: Mi mem-lernis per la libro "Globo-lingvo Esperanto".

L: Ĉu vere? Mi ankaŭ mem-lernis. Ĝi estas tre fame-konata libro, ĉu ne? Nu, kie vi loĝas? Ĉu vi estas koreino?

E: Jes, certe mi estas koreino. Mi loĝas en Seulo.

L: Ĉu ni kune prenu vespermanĝon, poste?
   Ĉar vi(Ebla) estas tre ĉarma.

E: Dankon por via komplimento. Volonte mi iros kun vi.

L: Mi atendos vin ĉi tie je la sepa.

상용구

Mia nomo estas Ebla 내 이름은 에블라입니다.
(Mi estas …는 '나는 …이다'라는 의미.)
Ĉu mi rajtas demandi vian nomon? 성함을 알려 주시겠습니까?

Mi estas tre ĝoja konatiĝi kun vi. 당신과 알게 되어 기쁩니다.

Mi estas komencanto. 나는 초보자입니다.

Bonvole …u! 모쪼록 …해 주십시요.

Ĉu ne? 그렇지 않습니까?

Ĉu ni …u? 우리 …할까요?

(2) 레스토랑에서

E : 라자로, 늦어서 미안해요.

L : 아니요, 괜찮아요. 앉으세요. 점심식사는 했어요? 시장하세요?

E : 예, 약간요. 목도 마르고, 음료수를 마시고 싶어요.

L : 고기와 생선 중 어느 것을 더 좋아하죠? 혹시 당신은
    채식주의자입니까?

E : 아니요. 생선으로 선택하겠어요. 생선을 좋아하니까요.

L : 홍차? 커피? 아니면 다른 것을 마시렵니까? 혹은 술은요?

E : 미네랄워터를 원해요. 무엇보다도 아주 화려한 레스토랑이군요.
    (*요리가 나오고 라자로가 포도주를 따랐다.*)

E, L : 당신의 건강을 위하여 건배! 그리고 에스페란토 만세!

E : 맛있게 드세요. 아, 매우 맛있네요. 이것이 무엇이죠, 버섯?

L : '개'라고 말했나요?

E : 아니, 아니 천만에. 난 '버섯'이라고 말했어요.

(2) En la restoracio

E : Lazaro, bonvolu pardoni mian malfruan alvenon.

L : Ne, ne. Bonvole sidiĝu. Ĉu vi jam manĝis tagmanĝon? Ĉu vi estas malsata?

E : Jes, iomete. Mi estas soifa ankaŭ. Mi volas trinki iom da trinkaĵo.

L : Kion vi preferas, viandon aŭ fiŝon? Aŭ ĉu vi estas vegetarano?

E : Ne, mi preferas fiŝon, ĉar mi ŝatas ĝin.

L : Ĉu vi trinkas teon, aŭ kafon? Aŭ alian? Alkoholaĵon?

E : Mi deziras mineralan akvon. Antaŭ ĉio, tre luksa restoracio!

(*Teleroj estas servitaj. Lazaro enverŝis vinon.*)

E L : Toston por via sano, kaj vivu esperanto!

E : Bonan apetiton. Oh, tre bongusta!

Kio estas tio ĉi? Fungo?

L : Ĉu vi diris "Hundo"n?

E : Ne, ne, tute ne! Mi diris 'Fungo'n.

상용구

Bonvolu pardoni …on! …을 용서해 주세요.
Bonvolu permesi …on! …을 허락해 주세요.
Mi volas …i. 나는 …하고 싶다.
Mi preferas …on. 나는 …을 선택합니다.
Kio estas tio ĉi? 이것은 무엇입니까?
Kio estas tio? 저것(그것)은 무엇입니까?
Ĉu vi trinkas …on? …을 마십니까?
antaŭ ĉio 무엇보다도
Toston! 건배!

⑶ 도서 판매장에서

E : 에스페란토 사전을 어디에서 파는지 아십니까?

D : 미안합니다. 모릅니다. 하지만 도서 판매장(libro-servo)에 있을 것으로 생각합니다.

(*리브로 세르보에서*)

E : 여보세요! 이것은 얼마입니까?

D : 50유로입니다.

(*지불한다*)

E : 내 생각엔 거스름돈이 틀린 것 같은데요.

D : 어, 미안해요. 내가 틀렸습니다.

E : 저 달력이 귀엽네요. 이리 주시겠어요?

(*적힌 가격을 보면서 그녀는 그것을 잡는다.*)

E : 고마워요. 하지만 좀 비쌉니다.
    돈이 조금밖에 없어요. 나의 소중한 지갑을 어제 길에서 도둑맞았어요.

D : 안 됐군요. 안녕히 가세요!

(3) Ĉe la libro-servo

E : Ĉu vi scias kie oni vendas Esperantan vortaron?

D : Pardonon, mi ne scias.

　　Tamen mi supozas ke vi povos trovi ĝin ĉe la Libro-
　　servo.

(*Ĉe la Libro-servo*)

E : Haloo! Kiom ĝi kostas?

D : 50 eŭrojn.

(*pagas*)

E : Al mi ŝajnas la restmono estus malĝusta.

D : Oh, pardonon. Mi eraris.

E : Tiu kalendaro estas aminda. Bonvolu transdoni ĝin.

(Rigardante montritan prezon, ŝi prenis ĝin)

E : Dankon. Sed ĝi estas iom multekosta.

　　Mi havas nur malmulte da mono.

　　Mi perdis mian karan monujon sur strato per ŝtelisto
　　hieraŭ.

D : Kompatinda afero! Ĝis revido!

상용구

Ĉu vi scias ···on? ···을 알고 있습니까?

Mi supozas ke ···. 아마 ···라고 생각합니다.

Pardonon! 미안해요!

Al mi ŝajnas ··· 나에게는 ···인 것같이 생각됩니다.

Aminda! 귀여워!

Kompatinda afero! 안됐군요. 딱한 일이군요.

Ĝis revido! 안녕!(작별 인사) (재회가 확실한 때는 Ĝis la revido!)

(4) 거리에서

G : 뭐하고 있어요, 에블라?

E : 대회장을 찾고 있어요. 대회장이 어디입니까?

G : 그럼, 저기서 우측으로 돌아서 왼쪽을 보세요.

  그런데 라자로를 못 봤나요?

  두시 반에 여기서 만나기로 했는데.

E : 그러면 지금 여기 도착했어야 하는데.

G : 아, 오고 있군요!

L : 미안, 내 차가 고장이 나서. 어, 에블라 또 만나서 대단히 기

  뻐요.

G : 에블라, 당신 수영할 줄 알아요?

E : 예 물론이죠. 왜 물어보세요?

L : 우리는 호텔 수영장에 갈 텐데요.

  우리와 함께 수영하고 싶지 않으세요?

E : 미안해요. 그럴 수 없어요.

G : 왜 안 되나요? 몸이 불편하신가요?

E : 수영복이 없어서요.

(4) Sur strato

G : Kion vi faras, Ebla?

E : Mi serĉas la kongresejon.

Kie estas la kongresejo?

G : Do, turniĝu tie dekstren, vidu maldekstren.

Nu, ĉu vi ne vidis Lazaron?

Mi renkontiĝos kun li ĉi tie je la dua kaj tridek.

E : Tial li devus alveni nun ĉi tien.

G : Ho, li venas!

L : Pardonon, mi malfruiĝis. Mia aŭto ne funkciis.

Ho, Ebla! Mi estas tre ĝoja revidi vin

G : Ebla, ĉu vi povas naĝi?

E : Jes, kompreneble. Kial vi demandas tion?

L : Ni iros al naĝejo en la hotelo.

Ĉu vi ne deziras naĝi kune kun ni?

E : Pardonon, mi ne povas.

G : Kial ne? Ĉu vi estas malsaneta?

E : Ĉar mi ne havas naĝveston.

| 상용구 |

Kie estas …? …은 어디에 있습니까?

Vidu dekstren! 오른쪽을 보세요.

je la tria kaj kvardek 3시 40분에

Li devus …i 그는 …해야 할 것이다. (의무)

Ĉu vi povas …i? …할 수 있습니까?

Kompreneblel 물론

Kial ne? 왜 안 됩니까?

(5) 강습회에서

E : 이 자리가 비어 있습니까?

K : 예, 앉으세요. 열정적인 에스페란토 선생을 기억합니까?
그는 자신의 제자와 결혼했어요.

E : 정말이에요? (*선생이 방 안으로 들어왔다*)

I : 안녕하세요? (*저녁 인사*) 어제는 어디 갔었어요?

E : 하루 소풍을 갔었습니다. 오전에는 박물관과 시내 중심지에
갔었어요. 오후에는 호텔 방에서 쉬면서 음악을 들었구요.

I : 나이가 어떻게 되나요? 대학생인가요?

E : 아니요. 나는 26세 사무원입니다. 오늘이 바로 제 생일입니다.

I : 어! 축하해요. (*작은 소리로 에블라에게*)

K : 에블라, 잠깐 종이와 펜을 빌려 주세요. 당신에게 사진을 부
쳐 줄 테니까 대회 번호를 알려 주세요. 대회 책자에서 당신
의 주소를 찾아볼게요.

(5) Ĉe la kurso

E: Ĉu ĉi tiu seĝo etas libera?

K: Jes, bonvole sidiĝu.

Ĉu vi memoras la fervoran instruiston por Esperanto?

Li edziĝis kun sia lernantino.

E: Ĉu vere? (*Instruisto paŝis en la ĉambron.*)

I: Bonan vesperon! Kien vi iris hieraŭ!

E: Mi havis ekskurson unutagan. Mi iris al la muzeo kaj centro de la urbo antaŭtagmeze, kaj restis en mia ĉambro de la hotelo kaj aŭskultis muzikon posttagmeze.

I: Kiom da jaroj vi havas? Ĉu vi estas studentino?

E: Ne, mi estas oficistino dudek ses jaraĝa, kaj hodiaŭ estas ĝuste mia naskiĝtago.

I: Ho, gratulon! (malgrandvoĉe al Ebla)

K: Ebla, momente pruntedonu paperon kaj skribilon ĉar mi volas sendi la fotojn al vi, bonvolu sciigi vian kongres numeron por serĉi vian adreson en la kongreslibro.

┌─────────┐
│ 상용구 │
└─────────┘

Ĉu ĉi tiu seĝo estas libera? 이 자리 비어 있나요?

Ĉu vere? 정말이에요?

Bonan vesperon! 안녕하세요! (저녁 인사)

Kien vi iras? 어디로 가세요?

Kiom da aĝoj vi havas? 몇 살입니까?

Gratulon! 축하합니다!

Pruntedonu skribilon! 필기 용구를 빌려주세요!

Bonvolu sciigi …on …을 알려 주세요.

(6) 역에서

E : 미안하지만 바르샤바 행 차표를 사 주시겠어요?
　　몇 번 홈에서 열차가 출발하나요?
L : 아마 3번 홈인 것 같아요. 지금 우리 함께 사진 찍을까요?
E : 내가 버튼을 누를까요? 그런데 열차는 몇 시에 출발하나요?
L: 십분 뒤에요.
E : 바르샤바까지 몇 시간 걸릴까요?
G : 약 두 시간 정도요. 당신 가방을 내가 옮길까요?
E : 아니요. 안 도와주셔도 돼요. 고맙습니다.
G : 빨리, 서둘러요. 1시 7분 전에 열차는 출발하거든요.
E : 잠깐 기다려요. 발 조심해요.
　　대단히 즐거웠어요. 친절히 해 주어서 고맙습니다.
　　우리 집에 놀러 와요.
　　공항으로 마중 나갈게요.
　　전화해요. 편지 쓰겠어요.

(6) Ĉe la stacidomo

E : Ĉu vi bonvolus aĉeti la bileton por Varsovio?

Je kioma kajo la vagonaro ekveturos?

L : Eble tria kajo, mi supozas. Nun, ĉu ni fotiĝu kune?

E : Ĉu mi puŝus la butonon?

Tamen, je kioma horo mia vagonaro ekveturos?

L : Post dek minutoj.

E : Kiom da horoj oni bezonas por Varsovio?

G : Ĉirkaŭ du horojn. Ĉu mi portu vian valizon?

E : Ne, mi ne bezonas vian helpon, dankon.

G : Rapidu, rapidu! Ĉar la vagonaro ekiros je 7 minutoj antaŭ la 1-a horo.

E : Atendu momenton. Atentu vian piedon.

Mi tre ĝuis. Koran dankon por via afableco.

Bonvole vizitu mian domon.

Mi akceptos vin ĉe la flughaveno.

Telefonu, mi skribos al vi.

상용구

Ĉu vi bonvolus …i? …해 주실 수 없겠습니까? [정중한 표현]

Je kioma kajo 몇 번 승강장에서

Rapidu! 빨리!

Atendu momenton! 잠깐 기다리세요!

Atentu! 조심하세요 (주의하세요)

Mi tre ĝuis. 대단히 즐거웠다.

Koran dankon! (진심으로) 고맙습니다.

Telefonu! 전화 해!

文화 산책

국제펜팔로 즐기면서 실력 쌓기

크로아티아의 자그레브에 사는 스포멘카(Spomenka) 씨는 후쿠오카의 모리 신고(Mori Singo) 씨와 30년 가까이나 에스페란토로 서신 교환을 하고 있었습니다. 스포멘카 씨는 젊은 여성 작가이고, 서신 교환을 시작한 때는 고등학교 학생이었습니다. 크로아티아 내전에서는, 벗과 친척들이 적이 되어서 싸우다 죽어 갔습니다. 전쟁은 시민생활을 깨어 부수고, 우정과 사랑을 찢어 놓았습니다. 그 엄혹한 실정을 기록한 48통의 편지를 모리 씨는 일본어로 번역하여 《조총(弔銃)》이라는 책을 내어놓았습니다. 《조총》은, 장례식에서 공포를 쏘는 총을 말합니다. 일본 사람들에게 유고슬라비아의 실태를 알리는 것이 좋겠다고 모리 씨는 생각했던 것입니다. 이 일은 아사히(朝日) 신문의 〈천성인어(天聲人語)〉(1994년 1월 4일)라는 칼럼에도 나옵니다. 이렇게 해서 정부의 발표에 의한 것이 아닌 민중에 의하여 진실이 전하여졌습니다.

체코 문학자인 구리스 게이 씨는 많은 에스페란토 서신 교환을 한 사람입니다. 1933년경 소련의 서신 교환 상대로부터 보내진 책의 제본 자리 구석에서는 "정신을 똑바로 차리시오. 당신은 사회주의국가를 유토피아라고 생각하고 있는 듯한데, 현실은 크게 다릅니다. 당신 생각은 틀렸소."라고 하는 비밀 통신문이 씌어 있었다고 합니다. 1989년이 되어서는 점차 소련이 붕괴되었는데, 실로 56년이나 이전에, 구리스 게이 씨는 에스페란토 덕분에 소련의 실상을 알 수가 있었다는 것입니다. 이러한 점에서 에스페란토는 독재자나 권력자에게 있어서 실로 '위험한 언어'인 것입니다. 감추어 두려고 생각해도, 민중들 간의 서신 교환으로 진실이 드러나고 말았던 것입니다.

나도 보도금지가 되어 있던 원자폭탄에 의한 히로시마 피해의 실정을 서신 교환을 통하여 브라질 신문에 알린 일이 있었고, 어린이들이 주고받은 서신을 모아서 《세계의 어린이》라는 이름으로 어린이 풍토기를 헤이본사라는 출판사가 시리즈로 발행하게 한 일도 있었습니다(1957). 최근에는 공해에 관한 조사나, 국제결혼의 실태보고 등도 서신 교환의 성과로서 발간되고 있는 것을 볼 때, 서신 교환은 무한한 가능성을 품고 있다고 하겠습니다. 서신 교환의 자료를 모으고자 하면서 신문 잡지 따위를 주의 깊게 보고 공부하는 것은 또한 부산물입니다. 에스페란토를 실용하는 첫걸음으로써 서신 교환을 해 볼 것을 권합니다. (*인터넷, SNS가 발달한 요즘에는 좀 철 지난 이야기인지도 모르겠습니다. 세계적으로는 아직 편지봉투에 손으로 글을 써 넣은 편지를 교환하는 이들도 있으나, 대부분의 사람들은 인터넷으로 즉각적으로 전달 확산되는 이메일을 애용하고 있으니, 이 또한 권할 만한 시도입니다. - 번역자 주)

4. 세계 명작에서 배우는 에스페란토

 많은 세계 문학 작품이 에스페란토로 번역되어 있으나 여기서는
초보자에게 적합한 쉬운 문장의 작품을 골랐다. 저작권 관계로 인
해 우연히 북유럽 작품들이 모아졌다.
 성서를 제외하면 어떤 작품도 저자가 가장 고심해서 쓴다는 책
의 서두 부분에서 인용했다. 간단한 단어 설명을 붙여 각 작품이
쓰인 원어와 같은 곳에서 비교되게 했다. 그 다음에는 직역에 가
까운 번역을 했으니 번역 방법 연구나 기타 여러 가지 사용법을
구사할 수 있을 것이니 충분히 즐기면서 이용하기 바란다.

1. 인형의 집 헨리크 입센

Puphejmo Henrik Ibsen

입센(1828~1906)은 노르웨이의 시인, 극작가. 《인형의 집》
(1879)은 남편에게 애완동물처럼 사랑 받으며 평화로운 생활
을 보내고 있었던 아내 노라가 자신은 한 인간으로서 사랑
받고 있는 것이 아니라는 것을 알고 가출한다는 줄거리이다.
작가는 이 작품으로 여성해방운동의 선구자로 간주되었는데,
스스로는 "나는 사회철학자가 아니며 내가 의도한 바는 인생
의 묘사일 뿐이다"라고 말했다.

Nora : Kaŝu bone la jularbon, Helene. La infanoj nepre
  ne vidu ĝin antaŭ la vespero, kiam ĝi estos
  ornamita. (*al la portisto ; elprenante la monujon*)
  Kiom?

Portisto : Kvindek oerojn.

Nora : Jen unu krono. Ne, prenu la tuton.

  (*La portisto dankas kaj foriras. Nora fermas la
  pordon. Ŝi daŭre ridas mallaŭte kaj kontente dum
  ŝi deprenas la supervestojn*)

---

jul-arbo : 크리스마스 트리 *Christmas tree* / nepre : 반드시 *absolutely*
/ ornam-it-a 장식된 *decorated* / port-ist-o 배달인 *porter* /
el-pren-ant-e 끄집어 내면서 *taking out* / mon-uj-o 지갑 *purse* for-ir-i
떠나다 *leave* / daŭr-e 계속하여 *continuously* /mal-laŭt-e 작은 소리로
quitely / kontent-e 만족하여 *contentedly* / de-pren-i 벗다 *take off*
/super-vest-o 외투 *coat* / paper-sak-et-o 종이봉지 작은 것 *paper-bag* /
pied-pint-e 발끝으로 *on tip toe* / ŝtel-aŭskult-i 도청하다 *listen in* /
kant-e-ti 작은 소리로 노래하다 *sing quietly* / de-nov-e 다시 *again*

Nora Gem juletræet godt, Helene. Børnene må endelig ikke få se
det for iaften, når det er pvntct. (*Til budet; tar portemonæen frem.*)
Hvormeget-?

Bybudet Femti øre.

Nora Der er en krone. Nej, behold det hele.

(*Budet takker og går. Nora lukker døren. Hun vedblir at le stille
fornojet mens hun tar ydertøjet af.*)

*Nora (tar en pose med makroner op af lommen og spiser et par;
derpå går hun forsigtigt hen og lytter ved sin mands der)* Jo, han er
hjemme. (Nynner igen idet hun går hen til bordet tilhøjre.)

Helmer (inde i sit værelse) Er det lærkefuglen, som hvidrer derude?

Nora (ifærd med at åbne nogle af pakkerne) Ja, det er det.

Helmer Er det ekornet, som rumsterer der?

Nora Ja!

Helmer Når kom ckornct hjem?

Nora Nu netop. (*Putter makronposen i lommen og visker sig om
munden.*) Kom herud, Torvald så skal du få se, hvad jeg har købt.

Helmer Ikke forstyr! (*Lidt efter; åbner døren og ser ind, med
pennen i hånden.*) Købt, siger du? Alt det der? Har nu lille
spillefuglen været ude og sat penge overstyr igen?

Nora Ja men, Torvald, iår må vi dog virkelig slå os lidt løs. Det er
jo den første jul, da vi ikke behøver at spare.

Helmer A, ved du hvad, ødsle kan vi ikke.

《인형의 집》의 첫 페이지(노르웨이어) Henrik Ibsen (Et Dukkehjem), 1897

인형의 집

노라 : 크리스마스트리를 잘 숨겨요. 저녁 때 장식할 때까지 아이
　　　들이 못 보도록 해요. (*배달부에게; 지갑을 꺼내면서*) 얼마
　　　예요?

배달부 : 50에로입니다.

노라 : 여기 1크로노예요. 아니, 전부 다 가지세요.

　　　(*배달부는 감사인사를 하고 떠난다. 노라가 문을 닫는다. 그
　　　녀는 낮은 소리로 계속 웃으며 외투를 벗었다.*)

Nora : (*prenas papersaketon kun makaronoj el la poŝo kaj manĝas kelkajn;poste ŝi iras piedpinte kaj ŝtelaŭskultas ĉe la pordo de sia edzo*) Jes, li estas hejme. (*kantetas denove irante al la dekstra tablo*)

Helmer : (*en sia ĉambro*) Ĉu estas la alaŭdeto, kiu kvivitas tie?

Nora : (*malfermante kelkajn paketojn*) Jes. estas.

Helmer : Ĉu estas la sciureto, kiu ĉirkaŭkuras tie?

Nora : Jes!

Helmer : Kiam revenis la sciureto!

Nora : Ĵus nun! (*metas la saketon kun makaronoj en la poŝon, kaj viŝas sian buŝon*) Venu, Torvald, kaj rigardu kion mi aĉetis.

Helmer : Ne ĝenu min! (*iom poste ; malfermas la pordon, rigardas, tenante plumon*) Aĉetis, vi diras? ĉion ĉi? Do mia disipa birdeto flirtis denove malŝparante monon!

Nora : Jes, sed, Torvald, ĉi-jare ni vere povas iom senbridiĝi. Estas ja la unua julfesto, kiam ni ne bezonas ŝpari.

Helmer : Nu, nu! Malŝpari ni ne povas.

Nora : Tamen, Torvald, iomete ni nun povas malŝpari, ĉu ne? Nur etan iometon. Vi ja ricevos grandan salajron kaj gajnos multe, multe da mono.

H.Ibsen(Tradukita de Odd Tangerud el la norvega lingvo) ; Puphejmo. Eldonejo Odd Tangerud(Hokksund, Norvejo), 1987

---

ir-ant-e 가면서 *going* / alaŭd-et-o 작은 종달새 *small skylark* / kvivit-i (새가) 짹짹 울다 *twitter* / mal-ferm-ant-e 열면서 *opening* / pak-et-o 작은 주머니 *parcel* / sciur-et-o 작은 다람쥐 *small squirrel* / ĉirkaŭ-kur-i 주위를 달리다 *run around* / re-ven-i 돌아오다 *return* / viŝ-i 씻다, 닦다 *wipe* /

노라 : (호주머니에서 마카롱이 든 종이봉지를 꺼내서 조금씩 먹는다 : 그리고 나서 그녀는 발끝으로 걸어서 남편의 방문에서 엿듣는다.) 그래, 그이가 집에 있군. (다시 흥얼거리며 오른쪽 탁자로 간다.)

헬메르 : (자기 방에서) 거기서 지저귀는 게 귀여운 종달새인가?

노라 : (몇 개의 포장을 뜯으면서) 예, 그래요.

헬메르 : 거기 돌아다니는 게 귀여운 다람쥐인가?

노라 : 예

헬메르 : 언제 귀여운 다람쥐가 돌아왔소?

노라 : 이제 막. (마카롱이 든 작은 봉지를 주머니에 넣고 자기 입을 닦는다.) 토르발드, 이리 와 봐요. 그리고 내가 산 것을 보세요.

헬메르 : 귀찮게 하지 마요! (조금 뒤 ; 문을 연다. 펜을 쥐고 바라본다) 샀다고 그랬소? 이 모든 걸? 그러면 낭비벽 있는 우리 귀여운 새가 다시 돈을 마구 쓰며 날아다녔군!

노라 : 예, 그러나 토르발드, 우리 올해는 좀 덜 졸라매도 되잖아요. 절약 안 해도 되는 첫 크리스마스라구요.

헬메르 : 원 참! 낭비는 안 돼요, 우리.

노라 : 하지만 토르발드, 우리 이제는 조금은 낭비해도 되잖아요, 안 그래요? 아주 쬐끔만요. 당신은 엄청 많은 봉급을 받을 테고, 돈도 많이 많이 벌건데요.

---

rigard-i 바라보다 *regard* / ten-ant-e 가지고 *holding* / disip-a 낭비의 *dissipated* / bird-et-o 작은새 *small bird* / flirt-i 날개치다 날다 *flutter* / mal-ŝpar-i 낭비하다 *squander* / sen-brid-iĝ-i 구속되지 않다 *become unrestrained* / jul-fest-o 크리스마스축제 *christmas festivity* / nu 원참, 자 *well* / ŝpari 아끼다, 저축하다 *save* / iom-et-e 약간 *a little* / et-a 약간 *slight* / salajr-o 봉급 *salary*

2. 안네의 일기   안네 프랑크

Taglibro de Anne Frank, Anne Frank

> 안네 프랑크(1929~1945)는 독일 프랑크푸르트에서 태어난
> 유태인이다. 나치스에 의한 박해를 피하기 위해 암스테르담으
> 로 이사했지만 나치스가 네딜란드를 점령하여 유태인 수색을
> 했기 때문에 가족 8명이 방에 숨어 있었다. 1944년 8월 4일
> 에 밀고에 의해 체포되어 다음해 봄 강제수용소에서 장티푸
> 스 때문에 15세로 사망하였다. 나치스의 인종차별에 의한 희
> 생이다. 이것은 숨기 전의 일기로 일기장에도 나온다. 그녀의
> 은둔처는 기념관으로 공개되어 있다.

Dimanĉo, 14 junio 1942

Vendredon, la 12-an de junio, mi vekiĝis jam je la sesa,
kaj tio estas facile klarigebla, ĉar ĝi estis mia
naskiĝdato.

Sed je la sesa ankoraŭ ne estis permesite al mi ellitiĝi ;
do mi devis bridi mian scivolon ĝis kvarono antaŭ la
sepa. Pli longe mi ne povis elteni ; mi iris al la
mangôĉambro, kie Maŭro, nia kato, min salutis per
kapkaresoj.

---

klar-ig-i 설명하다 *clarify* / nask-iĝ-i 태어나다 *be born* / dat-o
날짜 *date* / el-lit-iĝ-i 잠자리에서 일어나다 *leave one's bed* /
brid-i 억제하다 *restrain* / sci-vol-o 호기심 *curiosity* / kvar-on-o
4분의 1 *quarter* / el-ten-i 견디다 *bear* / kap-kares-o 머리를
쓰다듬다 *head-caress* /

Zondag, 14 Juni 1942

Vrijdag 12 Juni was ik al om 6 uur wakker en dat is heel begrijpelijk, daar ik jarig was. Maar om 6 uur mocht ik toch nog niet opstaan, dus moest ik mijn nieuwsgierigheid bedwingen tot kwart voor zeven. Toen ging het niet langer, ik ging naar de eetkamer, waar ik door Moortje (de kat) met kopjes verwclkomd werd.

Om even na zevenen ging ik naar papa en mama en dan naar de huiskamer, om mijn cadeautjes uit te pakken. Het was in de eerste plaats jou die ik te zien kreeg, wat misschien wel een van mijn fijnste cadeau's is. Dan een bos rozen, een Plantje, twee takken pinkster-rozen, dat waren die ochtend de kinderen van Flora, die op mijn tafel stonden, maar er kwam nog veel meer.

Van papa en mama heb ik een heleboel gekregen en ook door onze vele kennissen ben ik erg verwend. Zo ontving ik o.a. de *Camera Obscura*, een gezelschapsspel, veel snoep, chocola, een puzzle, een broche, *Nederlandse Sagen en Legenden* door Joseph Cohen, *Daisay's Bergvacantie* , een enig boek, en wat geld, zodat ik me *Mythen van Griekenland en Rome* kan kopen, fijn!

Dan kwam Lies mjj halen en wij gingen naar school. In de pauze tracteerde ik leraren en leerlingen op boterkoekjes en toen moesten we weer aan het werk.

Nu moet ik ophouden Daag, ik vind je zo fijn!

《안네의 일기》의 첫 페이지(네덜란드어)

(암스테르담시 안네 프랑크 기념관 자료 제공)

안네의 일기

1942년 6월 14일, 일요일

6월 12일, 금요일, 나는 6시에 이미 잠이 깼어. 또 그날이 내 생일이라 그 일은 쉽게 설명할 수 있어. 그러나 나는 6시에는 아직 기상이 허락되지 않아. 그래서 나는 7시 15분 전까지 호기심을 억눌러야 했지. 나는 더 참을 수 없었어.

Iom post la sepa mi iris al miaj gepatroj kaj poste al la familia ĉambro por elpaki miajn donacojn. Vin, mia taglibro, mi ekvidis unue, kaj vi certe estis unu el miaj plej ŝatataj donacoj. Krome tie troviĝis bukedo da rozoj, planto en poto kaj du branĉoj da peonioj. Tio estis tiumatene la florsalutoj sur mia tablo ; sed estis ankoraŭ multe pli. De miaj gepatroj mi ricevis tre multe, kaj ankaŭ niaj amikoj tre dorlotis min. Interalie mi ricevis la libron "Camera Obscura", ian societludilon, multe da frandaĵoj, ĉokoladon, paciencludilon, broĉon, la libron "Nederlandaj Mitoj kaj Legendoj" de Joseph Cohen, "Ferio de Daisy en montaro", kiu estas tre ĉarma libro, kaj ankaŭ iom da mono, per kiu mi povos aĉeti la verkon, "Grekaj kaj Romiaj Mitoj", kia ĝojo!

Poste venis Lies por akompani min, kaj kune ni iris al la lernejo. En la paŭzo mi regalis la instruistojn kaj kunlernantojn per kuketoj, kaj post tio ni daŭrigis la taskojn.

Nun mi ĉesu. Saluton! Mi tre ĝojas pro vi!

Anne Frank (Tradukita de G.J.Degenkamp el nederlanda lingvo) : Taglibro de Anne Frank. Heroldo de Esperanto (Scheveningen, Nederlando), p.219, 1959의 p.4에서 전재

---

el-pak-i 포장을 풀다 *unpack* / donac-o 선물 *gift, present* / tag-libr-o 일기장 *diary* / ek-vid-i 보기 시작하다 *begin to see* / ŝat-at-a-j 좋아하는 *liked* / trov-iĝ-i 있다. *exist, be found* / peoni-o 작약, 모란 *peony* / tiu-maten-e 그날 아침에 *that morning* / dorlot-i 귀여워하다 *pet, pamper* / societ-lud-il-o

내가 식당으로 갔더니 우리 집 고양이 마우로가 나에게 머리를 비벼대며 인사를 했어. 7시 조금 지나 나는 부모님께 갔어. 그리고 거실로 가서 나의 선물들을 풀어 보았단다. 제일 먼저 내 일기장인 너를 보았지. 그리고 분명히 너는 내가 가장 좋아하는 선물들 중 하나란다. 그 외에도 장미 꽃다발, 화분 식물, 작약나무 두 줄기가 있었어. 그것들은 그날 아침 내 탁자 위의 꽃인사였단다. 그러나 아직 선물이 더 많이 있었어. 부모님으로부터 아주 많이 받았지만, 내 친구들도 역시 나를 매우 좋아했거든.

그중에도 내가 받은 것은 《카메라 옵스쿠라》라는 책, 어떤 놀이기구, 군것질거리, 초콜릿, 퍼즐, 브로치, 조셉 코헨의 《네덜란드 신화와 전설》책, 《산맥에서의 데이지의 휴일》이라는 예쁜 책. 또한 《그리스와 로마 신화》책을 살 수 있는 돈도 조금 받았어. 아, 어찌나 기쁜지!

나중에 리스가 동행하러 와서 우리는 함께 학교에 갔어.

쉬는 시간에 선생님들과 동급생들에게 내가 과자로 한 턱 쏘았지. 그러고 나서 우리는 공부를 계속했어.

이제 그만 할게. 안녕! 나는 너 때문에 아주 즐거워!

사회적 놀이기구 *social game set* / frand-i 군것질하다. 즐기기 위해 먹다 *relish* / pacienc-lud-il-o 퍼즐 *puzzle* / mit-o 신화 *myth* / legend-o 전설 *legand* / feri-o 휴일 *holiday* / verk-o 저작 *work* / akompan-i 동반하다 *accompany* / paŭz-o 쉬는 시간 *pause* / regal-i 한턱내다 *treat* / kun-lern-ant-o 같이 배우는 사람 *classmate* / daŭr-ig-i 계속하게 하다 *continue*/ task-o 과업 *task*

3. 말괄량이 삐삐 아스트리드 린드그렌

Pipi Ŝtrumpolonga Astrid Lindgren

린드그렌(1907~2002)은 스웨덴의 동화작가. 말괄량이 소녀를 그
린 이 작품(1944)으로 유명해졌다. 《명탐정 카툴레군》 등 많은 동
화가 번역되어 있다.
그해 3월 스톡홀름에 눈이 내려 저자는 산책 중에 다리를 삐어 일
주일 정도 누워 있어야 했다. 그때에 한가하여 쓴 것이 이 작품이
었다. 삐삐는 혼자 생활하고 힘이 있으며 하고 싶은 것은 무엇이나
실행하며 친절하고 약한 사람 편이 되어 환경에 지지 않고 사는
아이이다.

Ĉe la rando de la eteta urbo situis malnova kaduka
ĝardeno. En la ĝardeno estis malnova domo, kaj en la
domo loĝis Pipi Ŝtrumpolonga. Ŝi estis naŭjara kaj ŝi
loĝis tie tute sola. Nek patrinon nek patron ŝi havis, kaj
tio fakte estis agrableta, ĉar tiel estis neniu, kiu povis
ordoni al ŝi enlitiĝi, kiam estas plej amuze, kaj neniu
povis devigi ŝin engluti fiŝhepatan oleon, kiam ŝi
preferis bombonojn.

---

rando 끝, 변두리 *edge* / situ-i 위치하다 *be situated* / mal-nova 오래된
old / kaduk-a 노후한 *ramshakle* / loĝ-i 거주하다 *live, dwell* / Ŝtrumpo
긴 양말 *stocking* / naŭ-jar-a 9세의 *nine year old* / tut-e 전혀 *entirely*
/ sol-a 고독한 *alone* / fakt-e 사실상 *actually* / agrabl-et-a 약간 쾌적한
slightly pleasant / ordon-i 명령하다 *order* / en-lit-iĝ-i 잠자리에 들다 *go
to bed* / amuz-e 즐겁게 *amusingly* / devig-i 강제하다 *force* / en-glut-i
삼키다 *swallow* / fiŝ-hepat-a 물고기 간의 *fish liver* / ole-o 기름 *oil* /
prefer-i …을 더 좋아하다, 선호하다 *prefer* / bombon-o 사탕과자
bonbon, candy

I.

Pippi flyttar in i Villa Villekulla.

I utkanten av den lilla, lilla staden låg en
gammal förfallen trädgård. I trädgården låg
ett gammalt hus, och i huset ·bodde Pippi
Långstrump. Hon var nio år, och hon bodde
där alldeles ensam. Ingen mamma eller
pappa hade hon, och det var egentligen rätt
skönt, för på det viset fanns det ingen, som
kunde säga till henne, att hon skulle gå och
lägga sig, just när hon hade som allra roli-
gast och ingen, som kunde tvinga henne att
äta fiskleverolja, när hon hellre ville ha kara-
meller.

《말괄량이 삐삐》의 첫 페이지(스웨덴어)
Astrid Lindgren: "Pippi Långstrump"
Rabén & Sjögren(Stockholm), 1945

말괄량이 삐삐

아주 작은 도시의 변두리에 오래된 황폐한 공원이 있었어요.
공원 안에는 오래된 집이 한 채 있었는데 그 집에 말괄량이 삐
삐가 살고 있었어요. 삐삐는 아홉 살인데 거기서 혼자 살았어요.
삐삐는 어머니도 아버지도 없었어요. 그런데 사실 이게 조금 즐
거운 일이기도 했어요. 왜냐하면 삐삐가 가장 재미있게 놀고 있을
때 잠자리에 들라고 명령할 수 있는 사람도 없었고 사탕을 좋아
하는 삐삐에게 억지로 물고기 간으로 만든 기름을 삼키라고 하는
사람도 아무도 없기 때문이지요.

Iam antaŭ longe Pipi havis patron, kiun ŝi amegis, jes, ŝi ankaŭ havis patrinon, sed tio estis antaŭ tiel longa tempo, ke ŝi tute ne memoras. La patrino mortis, kiam Pipi estis nur malgranda infaneto, kiu kuŝis en la lulilo kriante tiel terure, ke neniu povis esti proksime.

Pipi kredis, ke ŝia patrino nun sidas en la ĉielo kaj malsupren rigardas al sia knabino tra trueto, kaj Pipi kutimis mansvingi supren al ŝi kaj diri ;

-Ne timu! Mi ĉiam aranĝiĝos!

Sian patron Pipi ne forgesis. Li estis ŝipestro kaj veladis sur la grandaj oceanoj, kaj Pipi estis velinta kun li per lia ŝipo, ĝis kiam la patro en ŝtormo estis forblovita en la maron kaj malaperis. Sed Pipi estis tute certa, ke iun tagon li revenos. Ŝi tute ne kredis, ke li dronis.

A.Lindgren(Tradukita de Sven Alexandersson el sveda lingvo) : Pipi Ŝtrumpolonga. Progreso Eldonejo (Motala, Svedio), 1989

---

am-eg-i 열애하다 *love very much* / memor-i 기억하다 *remember* / mal-grand-a 작은 *small* / infan-et-o 작은 아이 *small infant* / kuŝ-i 누워 있다 *lie* / lul-il-o 요람 *cradle* / kri-ant-e 울면서 *crying* / terur-e 무섭게 *terribly* / proksim-e 가까이서 *near* / ĉiel-o 하늘 *sky* / mal-supr-e 아래에 *beneath, below* / rigard-i 바라보다 *regard, look at/* knab-in-o 소녀 *girl* / tru-et-o 작은 구멍 *small hole* / kutim-i …의 습관이 되다. *be accustomed to*

아주 오래 전에 삐삐에게도 아버지가 있었는데 삐삐는 아버지를 깊이 사랑했어요. 네, 삐삐에게는 어머니도 있었어요. 그러나 너무 오래전 일이라서 전혀 기억을 못 해요. 어머니는 삐삐가 아주 어린 아기 때 돌아가셨는데 요람 안에서 어찌나 무섭게 울어대는지 아무도 가까이 오질 않았답니다. 삐삐는 어머니가 지금은 하늘나라에서 작은 구멍을 통하여 딸을 내려다보고 있다고 믿었어요. 그래서 삐삐는 위로 어머니에게 손을 흔들어

- 걱정 마세요. 내가 항상 잘 챙겨요.

라고 말하는 버릇이 있었어요.

삐삐는 아버지를 잊지 않았어요. 아버지는 배의 선장이라 자주 큰 바다를 항해했어요. 삐삐가 아버지 배를 타고 함께 바다에 나갔는데 아버지가 폭풍으로 날려가 바다 속으로 사라져 버렸어요. 그러나 삐삐는 언젠가 아버지가 돌아온다고 굳게 믿고 있어요. 삐삐는 아버지가 물에 빠져 죽었다고 전혀 믿지 않았어요.

---

man-sving-i 손을 흔들다 *(hand-)wave* / tim-i 두려워하다 *fear* / araĝ-iĝ-i 정돈되다 become arranged / forges-i 잊다 *forget* / ŝip-estr-o 선장 *captain* / vel-ad-i 돛을 달고 항해하다 / ocean-o 대양 *ocean* / vel-int-a 항해했던 *having sailed* / ŝtorm-o 폭풍 *storm* / for-blov-it-a 멀리 바람에 날려간 *blown away* / mar-o 바다 *sea* / mal-aper-i 사라지다 *disappear* / certa 확실한 *certain* / re-ven-i 돌아오다 return / kred-i 믿다 *believe* / dron-i 물에 빠지다 *drown*

4. 인어공주 한스 C. 안데르센

La Virineto de Maro Hans C. Andersen

안데르센(1805~1875)은 덴마크의 동화작가로, 이 작품으로
근대 동화의 개척자로서 명성을 확립했다. 삶을 있는 그대로
묘사한 슬프고 잔혹한 결말의 작품을 많이 썼다. 1835년에
최초의 동화집을 출판했을 때에 사람들은 '즉흥 시인'과 같은
훌륭한 작품을 쓸 수 있는 작가가 왜 이러한 아이들을 속이
는 이야기를 썼는가 하고 불평했다. 그러나 그는 어린이와 가
난하고 소박한 사람들이 애독하는 것을 알고 동화를 쓰기 시
작한 것이다. 에스페란토 문장은 자멘호프에 의한 명역이다.

Malproksime en la maro la akvo estas tiel blua, kiel la
folioj de la plej bela cejano, kaj klara, klara, kiel la plej
pura vitro, sed ĝi estas tre profunda, pli profunda, ol
povas atingi ia ankro ; multaj turoj devus esti starigitaj
unu sur la alia, por atingi de la fundo ĝis super la akvo.
Tie loĝas la popolo de maro.

---

mal-proksim-e 멀리 *far* / cejano 수레국화 *cornflower* / profunda
깊은 *deep, profound* / ankr-o 닻 *anchor* /star-ig-it-a 세워진
made to stand / unu sur la alia 아래위로 접촉하여 포개서 *one on
the other* / sabl-o 모래 *sand* / mir-ind-a 놀라운 *wonderful* /
kresk-aĵ-o 식물 *plant* / trunk-et-o 줄기 *stem, stalk* / fleks-ebl-a
구부릴 수 있는 *flexible* / elast-a 탄력성 있는 *elastic* / flu-o 흐름
flow

Den lille Havfrue.

LANGT ude i Havet er Vandet saa blaat, som Bladene paa den
dejligste Kornblomst, og saa klart, som det reneste Glas,
men det er meget dybt, dybere end noget Ankertov naaer,
mange Kirketaarne maatte stilles oven paa hverandre for at
række fra Bunden op óver Vandet. Dernede bo Havfolkene.
Nu maa man slet ikke tro, at der kun er den nøgne, hvide
Sandbund; nej, der vokse de forunderligste Træer og Planter,
som ere saa smidige i Stilk og Blade, at de ved den· mindste
Bevægelse af Vandet røre sig, ligesom om de vare levende.

《인어공주》의 첫 페이지 (덴마크어)

Sophus Bauditz (komp.); H.C.Andersens: Eventyr og Historier

Gyldendalske Boghandel (København), 1905

인어공주

깊은 바다 속 물은 어찌나 푸른지 마치 가장 아름다운 수레국화
잎사귀 같고, 맑디맑아 마치 가장 깨끗한 유리 같아요. 그러나 그
곳은 너무 깊어서 닻이 닿을 수 있는 곳보다도 더 깊어요. 수많
은 탑들을 아래위로 세워 쌓아야 바닥에서 물 위까지 닿을 수 있
을 정도예요. 그런 곳에 바다 나라 사람들이 살아요.

Sed ne pensu, ke tie estas nuda, blanka, sabla fundo ; ne, tie kreskas la plej mirindaj arboj kaj kreskaĵoj, de kiuj la trunketo kaj folioj estas tiel flekseblaj kaj elastaj, ke ili ĉe la plej malgranda fluo de la akvo sin movas, kiel vivaj estaĵoj. Ĉiuj fiŝoj, malgrandaj kaj grandaj, traglitas inter la branĉoj, tute tiel, kiel tie ĉi supre la birdoj en la aero. En la plej profunda loko staras la palaco de la reĝo de la maro. La muroj estas el koraloj, kaj la altaj fenestroj el la plej travidebla sukceno ; la tegmento estas farita el konkoj, kiuj sin fermas kaj malfermas laŭ la fluo de la akvo. Tio ĉi estas belega vido, ĉar en ĉiu konko kuŝas brilantaj perloj, el kiuj ĉiu sola jam estus efektiva beligaĵo en la krono de reĝino.

La reĝo de la maro perdis jam de longe sian edzinon, sed lia maljuna patrino kondukis la mastraĵon de la domo.

Ŝi estis saĝa virino, sed tre fiera je sia nobeleco, tial ŝi portis dekdu ostrojn sur la vosto, dum aliaj nobeloj ne devis porti pli ol ses.

Hans C. Andersen(Tradukita de L.L.Zamenhof) ; La Virineto de Maro. el L.L.Zamenhof "Fundamenta Krestomatio de la Lingvo Esperanto" Esperantista Centra Librejo (Paris) p.35, 924

---

mal-grand-a 작은 *small* / tra-glit-i 미끄러지다 *glide through* / palac-o 궁전 *palace* / reĝo 임금 *king* / mur-o 벽 *wall* / koral-o 산호 *coral* / tra-vid-ebl-a 투명한, 투시해서 볼 수 있는 *transparent* / sukcen-o (광물) 호박 *amber* / tegment-o 지붕 *roof* / konk-o 조개껍질 *shell* / mal-ferm-i 열다 *open*

하지만 그곳에 벌거벗은 하얀 모래 바닥만 있다고 생각하지는 마세요. 아니, 거기에는 가장 놀라운 나무들과 식물들이 자라고 있는데, 그 줄기와 잎사귀들은 굽혔다 펴졌다 탄력이 있었고, 살아 있는 존재들처럼 가장 작은 물의 흐름에도 움직인답니다. 온갖 크고 작은 물고기들이 물 속 나뭇가지 사이로 미끄러지듯 다니는 것이 꼭 바다 위 공기 중에서 새들이 날아다니는 것 같아요. 가장 깊은 곳에는 바다 임금님 궁전이 있어요. 벽은 산호로 되어 있고, 높은 창문들은 가장 투명한 호박으로 만들었어요. 지붕은 조개껍질로 만들어졌는데, 물의 흐름에 따라 저절로 열렸다 닫혔다 해요. 이것은 아주 아름다운 광경인데, 왜냐하면 모든 조개마다 그 안에 빛나는 진주들이 있어서 그들 중 어느 하나라도 여왕님 왕관의 훌륭한 장식이 될 수 있을 정도랍니다.

바다 임금님은 벌써 오래전에 아내를 잃었으나 나이 많은 어머니가 왕실 살림을 보살폈어요. 임금님 어머니는 지혜로운 분이었지만 자신이 왕족 가문임을 너무 뽐내느라 자신은 꼬리에 12개의 굴을 붙이고 다니며 다른 귀족들은 6개 이상 못 달고 다니게 했답니다.

---

kuŝ-i 누워 있다 *lie* / bril-ant-a 빛나는 *brilliant* / perl-o 진주 *perl* / efektiv-a 유효한 *actual, effective* / bel-ig-aĵ-o 장식품 *ornament* / kron-o 왕관 *crown* / reĝ-in-o 여왕 *queen* / edz-in-o 아내 *wife* / konduk-i 인도하다 *conduct* / mastr-aĵ-o 집안일 *household* / nobel-ec-o 귀족 *nobility* / ostr-o 굴 *oyster* / vosto 꼬리 *tail*

5. 신약성서(고린도전서 13장에서)

La Sankta Biblio

신약성서는 그리스도 사후 얼마 되지 않아 씌었다고 한다. 이 부분은 결혼식 등에서 많이 읽혀진다. 최신 신공동번역에서조차도 '예로 사람들의 다른 말, 천사들의 다른 말을 말한다고도…'로 되어 있어 이해하기 어렵게 되어 있다. 에스페란토 문장을 읽으면 처음으로 의미를 쉽게 알 수 있다. 여기서는 -us가 많이 사용되는 것이 특징이다.

Se mi parolus la lingvojn de homoj kaj anĝeloj, sed ne havus amon, mi fariĝus sonanta kupro aŭ tintanta cimbalo. Kaj se mi posedus la profetpovon, kaj komprenus ĉiujn misterojn kaj ĉian scion ;

---

lingv-o 언어 language / anĝel-o 천사 angel / far-iĝ-i 되다 become / son-ant-a 소리 나는 sounding / kupr-o 구리 copper / tint-ant-a 딸랑 소리 나는 jingling / cimbal-o 심벌즈 cymbal / posedi 소유하다 possess / profet-pov-o 예언능력 power to prophesize / kompren-i 이해하다 understand / mister-o 신비 mystery

1. Εἶμαι οὐδὲν χωρὶς ἀγάπην. 4. Τὰ πλεονεκτήματα τῆς ἀγάπης.

ΕΑΝ λαλῶ τὰς γλώσσας τῶν ἀνθρώπων καὶ τῶν ἀγγέλων, ἀγάπην δὲ μὴ ἔχω, ἔγεινα χαλκὸς ἠχῶν, ἢ κύμβαλον ἀλαλάζον.
² Καὶ ἐὰν ἔχω προφητείαν καὶ ἐξεύρω πάντα τὰ μυστήρια καὶ πᾶσαν τὴν γνῶσιν, καὶ ἐὰν ἔχω πᾶσαν τὴν πίστιν, ὥστε νὰ μετατοπίζω ὄρη, ἀγάπην δὲ μὴ ἔχω, εἶμαι οὐδέν.
³ Καὶ ἐὰν πάντα τὰ ὑπάρχοντά μου διανείμω, καὶ ἐὰν παραδώσω τὸ σῶμά μου διὰ νὰ καυθῶ, ἀγάπην δὲ μὴ ἔχω, οὐδὲν ὠφελοῦμαι.
⁴ Ἡ ἀγάπη μακροθυμεῖ, ἀγαθοποιεῖ, ἡ ἀγάπη δὲν φθονεῖ, ἡ ἀγάπη δὲν αὐθαδιάζει, δὲν ἐπαίρεται,
⁵ δὲν ἀσχημονεῖ, δὲν ζητεῖ τὰ ἑαυτῆς, δὲν παροξύνεται, δὲν διαλογίζεται τὸ κακόν·
⁶ δὲν χαίρει εἰς τὴν ἀδικίαν, συγχαίρει δὲ εἰς τὴν ἀλήθειαν.

⁷ Πάντα ἀνέχεται, πάντα πιστεύει, πάντα ἐλπίζει, πάντα ὑπομένει.
⁸ Ἡ ἀγάπη οὐδέποτε ἐκπίπτει· τὰ ἄλλα ὅμως, εἴτε προφητεῖαι εἶναι, θέλουσι καταργηθῆ· εἴτε γλῶσσαι, θέλουσι παύσει· εἴτε γνῶσις, θέλει καταργηθῆ.
⁹ Διότι κατὰ μέρος γινώσκομεν καὶ κατὰ μέρος προφητεύομεν·
¹⁰ ὅταν ὅμως ἔλθῃ τὸ τέλειον, τότε τὸ κατὰ μέρος θέλει καταργηθῆ.
¹¹ Ὅτε ἤμην νήπιος, ὡς νήπιος ἐλάλουν, ὡς νήπιος ἐφρόνουν, ὡς νήπιος ἐσυλλογιζόμην· ὅτε ὅμως ἔγεινα ἀνήρ, κατήργησα τὰ τοῦ νηπίου.
¹² Διότι τώρα βλέπομεν διὰ κατόπτρου αἰνιγματωδῶς, τότε δὲ πρόσωπον πρὸς πρόσωπον· τώρα γνωρίζω κατὰ μέρος, τότε δὲ θέλω γνωρίσει καθὼς καὶ ἐγνωρίσθην.
¹³ Τώρα δὲ μένει πίστις, ἐλπίς, ἀγάπη, τὰ τρία ταῦτα· μεγαλητέρα δὲ τούτων εἶναι ἡ ἀγάπη.

《신약성서》〈고린도전서〉 13장(희랍어)

고린도전서 13장

내가 사람의 방언과 천사의 말을 할지라도 사랑이 없으면 소리 나는 구리와 울리는 꽹과리가 된다. 내가 예언하는 능력이 있어 모든 신비와 모든 지식을 알고 ;

kaj se mi havus ĉian fidon, tiel ke mi povus formovi montojn, sed ne havus amon, mi estus nenio. Kaj se mi disdonus mian tutan havon por nutri la malsatulojn, kai se mi lasus mian korpon por forbrulo, sed ne havus amon, per tio mi neniom profitus. Amo longe suferas, kaj bonfaras ; amo ne envias ; amo ne fanfaronas, ne ŝveligas sin, ne kondutas nedece, ne celas por si mem, ne koleriĝas, ne pripensas malbonon, ne ĝojas pri maljusteco, sed kunĝojas kun vereco ; ĉion toleras, ĉion kredas, ĉion esperas, ĉion eltenas. Amo neniam pereas ; sed, ĉu estas profetadoj, ili neniiĝos ; ĉu lingvoj, ili ĉesiĝos ; ĉu estas scio, ĝi neniiĝos. Ĉar ni scias laŭparte, kaj ni profetadas laŭparte ; sed kiam venos perfektaĵo, tiam neniiĝos tio, kio estas laŭparta.

La Sankta Biblio. Brita kaj Alilanda Biblia Societo (London), p.153, 1947

---

sci-o 지식 *knowledge* / fid-o 신앙 *faith* / for-mov-i 멀리 움직이다 *move away* / mont-o 산 *mountain* / dis-don-i 분배하다 *distribute* / nutr-i 영양을 주다 *feed* / mal-sat-ulo 배고픈 자 *hungry person* / las-i 버리다 *leave* / korp-o 신체 *body* / for-brul-o 타버리다 *burn* / profit-i 이익이 되다 *profit* / sufer-i 고민하다, 당하다 *suffer* / bon-far-i 선한 일을 하다 *do good things* / envi-i 부러워하다 *envy* / fanfaron-i 허풍떨다 *boast* / ŝvel-ig-i sin 부풀리다, 거만하게 굴다 *be arrogant* / kondut-i 행동하다, 처신하다 *behave*

또 산을 옮길 만한 모든 믿음이 있을지라도 사랑이 없으면 내가 아무것도 아니요. 내가 내게 있는 모든 것으로 구제하고 또 내 몸을 불사르게 내어 줄지라도 사랑이 없으면 내게 아무 유익이 없느니라. 사랑은 오래 참고 사랑은 온유하며 투기하는 자가 되지 아니하며 사랑은 자랑하지 아니하며 교만하지 아니하며 무례히 행하지 아니하며 자기의 유익을 구하지 아니하며 성내지 아니하며 악한 것을 생각지 아니하며 불의를 기뻐하지 아니하며 진리와 함께 기뻐하고 모든 것을 참으며 모든 것을 믿으며 모든 것을 바라며 모든 것을 견디느니라. 사랑은 언제까지든지 떨어지지 아니하나 예언도 폐하고 방언도 그치고 지식도 폐하리라. 우리가 부분적으로 알고 부분적으로 예언 하니 온전한 것이 올 때는 부분적으로 하던 것이 폐하리라.

ne-dec-e 예의에 어긋나게 improperly / koler-iĝ-i 성내다 get angry / pri-pens-i 고려하다 consider / mal-bon-o 악 badness / ĝoj-i 기뻐하다 be glad, be happy / mal-justec-o 불의 injustice / kun-ĝoj-i 같이 기뻐하다 be glad together / ver-ec-o 진리 truth / toler-i 참다 tolerate / kred-i 믿다 believe / el-ten-i 참다, 견디다 endure / pere-i 죽다, 멸망하다 perish / profet-ad-o 예언의 계속 prohesizing / neni-iĝ-i 없어지다 become nothing / ĉes-iĝ-i 그치다 stop / laŭ-part-e 부분적으로 by parts / perfekt-aĵ-o 완전한 것 a perfect thing

제3장

에스페란토 기본단어집

1. 기본단어 (900단어)

(Kontakto 잡지가 지정한 초보자용 기본단어 414개와 중급단어 466개 중 229개 수록)

1) 필수단어 (110단어) (반드시 외울 것)

(1) 관사
la 그 *the*

(2) 대명사 (10개)
mi 나 *I*
ni 우리 *we*
vi 너 *you*
vi 너희 *you*
li 그 *he*
ili [li,ŝi,ĝi의 복수] *they*
ŝi 그녀 *she*
oni 사람들 *one, they, you*
ĝi 그것 *it*
si 자신 *self, own*

(3) 접속사 (9개)
aŭ 또는 *or*
ĉar 왜냐하면 *because*
kaj 그리고 *and*
ke 라는 것 *that*
kvankam ~이지만 *although*
nek *nor*
ol ···보다 *than*
se 만약 *if*

sed ···그러나 *but*

(4) 전치사 (33개)
al ···에게 ···으로 *to*
anstataŭ ··· 대신에 *instead*
antaŭ ··· 앞에 *before*
apud ···의 옆에 *beside, near by*
ĉe ···에서 *at*
ĉirkaŭ ···의 둘레에 *around*
da ···의 양(量)의 *of*
de ···의 *of*
dum ···의 사이에, 동안 *during*
ekster ···의 밖에 *outside*
el ···로부터, *from*
en ··· 안에 *in*
ĝis ···까지 *until, up to*
inter ···의 사이에 *between, among*
je 의미 정해지지 않음
kontraŭ ···에 대(항)하여 *against*
krom ··· 외에 *besides*
kun ···와 함께 *with*

laŭ …을 따라 *along*
maligraŭ …에도 불구하고 *in spite of*
per …으로 *by, with*
po …씩, 마다 *at the rate of*
por …를 위하여, …에게 *for*
post …의 뒤에 *after*
preter …의 옆에 *by, beyond*
pri …에 관하여 *about*
pro … 때문에 *for, because of*
sen …없이 *without*
sub …의 아래에 *under, beneath*
super …의 위에 *over*
sur …의 위에 *on*
tra …을 통(과)하여 *through*

trans …을 넘어서, 지나서

(5) 수사 (12단어)

unu 하나(1) *one*
du 둘(2) *two*
tri 셋(3) *three*
kvar 넷(4) *four*
kvin 다섯(5) *five*
ses 여섯(6) *six*
sep 일곱(7) *seven*
ok 여덟(8) *eight*
naŭ 아홉(9) *nine*
dek 열(10) *ten*
cent 백(100) *hundred*
mil 천(1000) *thousand*

(6) 상관사 (45단어)

(p.103의 표 참조)

다음 2)~16)은 에스페란토학술원(Akademio de Esperanto)이 지정한 공용어 2470단어 중 쉬운 단어(제9급부터 5급까지 565단어)이다.

2) 제9급-A -aŭ를 붙인 단어 (11단어)

almenaŭ 적어도 *at least*
ambaŭ 양쪽, 둘 다 *both*
ankoraŭ 아직 *still, yet*
antaŭ …의 앞에 *before*
apenaŭ 겨우, 하자마자 *hardly, scarcely*

baldaŭ 곧, 머지않아 *soon*
hieraŭ 어제 *yesterd*
hodiaŭ 오늘 *today*
kvazaŭ 마치 …처럼 *as though*
morgaŭ 내일 *tomorrow*
preskaŭ 거의 *almost, nearly*

3) 제9급-B 그밖의 빈출 단어 (23단어)

ajn …든지 *ever*

aŭ 또는 *or*

ĉi 이 (가까운 시간, 공간을 가리킴)

ĉu (의문을 나타냄)

do 그러면 *so, then, therefore*

eĉ …조차 *even*

for 멀리, 떨어져 *away, off*

ha! 아! *ah*

ho! 오! *oh*

ja 실로, 그야말로 *indeed*

jam 벌써 *already*

jen 자! 여기 *here is, look!*

jes 예 *yes*

ĵus 방금, 막 *just now*

ke …하는(한) 것은 *that*

mem 자신 *-self, -selves*

ne (부정) *no*

nu 자! *well*

nun 지금 *now*

nur …만, …뿐 *only*

plej 가장 *most*

pli 더 *more*

plu 더 오래, 더 멀리 *further*

tamen 그러나 *however, nevertheless*

tre 매우 *very (much)*

tro 너무 *too (much)*

tuj 곧 *immediately*

4) 제8급-A 명사 (27단어)

afero 사건 *affair*

amiko 친구 *friend*

ĉambro 방 *chamber, room*

flanko 옆구리, 측면 *side*

fojo …번(횟수) *time*

formo 모양 *form*

homo 사람 *human being*

infano 어린이 *infant*

jaro 해(년) *year*

kampo 밭, 분야 *field*

kapo 머리 *head*

koro 마음, 심장 *heart*

lando 토지, 나라 *country*

loko 장소 *place*

mano 손 *hand*

mondo 세계 *world*

nacio 민족, 국가 *nation*

nomo 이름 *name*

patro 아버지 *father*

resto 체류, 나머지 remain, stay

sinjoro 신사, …씨 *gentleman, Mr.*

tago 날 *day*

tempo 시간 *time*

tero 대지, 흙 *earth, ground*

viro 남자 *man*

vojo 길 *road, way*

vorto 단어 *word*

5) 제8급-B 형용사 (25단어)

alia 다른 *other*

alta 높은 *high*

bela 예쁜 *beautiful*

bona 착한 *good*

facila 쉬운 *easy, light*

feliĉa 행복한 *happy*

forta 강한 *strong*

granda 큰 *big*

grava 중요한 *important*

juna 젊은 *young*

kelka 약간의 *several*

klara 밝은, 깨끗한 *clear*

lasta 최후의 *last*

libera 자유로운 *free*

longa 긴 *long*

multa 많은 *many, much*

nova 새로운 *new*

ofta 빈번한 *frequent*

plena 가득찬 *full*

proksima 가까운 *near*

rapida 빠른 *fast, quick, rapid*

riĉa 풍부한, 부유한 *rich*

ruĝa 빨간 *red*

sama 같은 *same*

tuta 모든 *all*

6) 제8급-C 동사 (50단어) (영어의 to는 생략)

ami 사랑하다 *love*

demandi 질문하다 *ask*

devi …해야 한다 *must*

deziri 원하다 *desire, want, wish*

diri 말하다 *say, tell*

doni 주다 *give*

esti …이다, 있다 *be*

fari 하다, 만들다 *make, do*

fini 마치다 *finish*

ĝoji 기뻐하다 *be glad, rejoice*

havi 가지다 *have*

helpi 돕다 *help*

iri 가다 *go*
komenci 시작하다 *begin*
kompreni 이해하다 *understand*
koni 알다, 알고 지내다 *acquainted with*
kredi 믿다 *believe*
labori 일하다 *work*
legi 읽다 *read*
lerni 배우다 *learn*
levi 올리다 *lift, raise*
loĝi 거주하다 *dwell, inhabit, live*
meti 두다 *put*
militi 전쟁하다 *wage war*
montri 보이다 *show*
morti 죽다 *die*
movi 움직이다 *move*
okazi (일이) 일어나다 *happen, occur*
paroli 말하다 *speak, talk*
peti 요청하다 *ask, request*
porti 나르다 *carry*

povi ⋯할 수 있다 *can*
preni 잡다, 쥐다 *take*
respondi 대답하다 *answer, reply*
resti 머무르다 *remain, stay*
ricevi 받다 *receive*
ridi 웃다 *laugh*
scii 알다 *know*
sekvi 따르다, 계속하다 *follow*
sendi 보내다 *send*
sidi 앉다 *sit*
skribi 쓰다 *write*
stari 서다 *stand*
ŝajni ⋯하는 듯하다, ⋯것 같다 *appear, seem*
teni 쥐다, 잡다 *hold, keep*
veni 오다 *come*
veturi (교통수단을 타고) 가다, 여행하다 *go, travel*
vidi 보다 *see*
vivi 살다 *live*
voli 원하다 *want, be willing*

7) 제7급-A 명사 (53단어)

akvo 물 *water*
arbo 나무 *tree*
arto 예술 *art*
bildo 그림 *picture*
birdo 새 *bird*
buŝo 입 *mouth*

ĉevalo 말 *horse*
ĉielo 하늘 sky
domo 집 *house*
edzo 남편 *husband*
familio 가족 *family*
fenestro 창 *window*

filo 아들 *son*
fingro 손가락 *finger*
frato 형제 *brother*
fraŭlo 총각 *bachelor*
frukto 과일 *fruit*
haro 털 *hair*
hejmo 가정 *home*
horo 시간 *hour*
intereso 흥미 *interest*
knabo 소년 *boy*
koloro 색깔 *color*
korto 뜰, 마당 *court*
letero 편지 *letter*
libro 책 *book*
lingvo 언어 *language*
lito 침대 *bed*
maro 바다 *sea*
mateno 아침 *morning*
mono 돈 *money*
monto 산 *mountain*
muro 벽 *wall*

okulo 눈 *eye*
paco 평화 *peace*
parto 부분 *part*
peco 조각 *piece*
persono 사람 *person*
piedo 발 *foot*
popolo 민중 *people*
pordo 문 *door*
punkto 점 *point*
rajto 권리 *right*
rimedo 방법 *means, resource*
semajno 주 *week*
suno 해 *sun*
tablo 탁자 *table*
urbo 도시 *city*
valoro 가치 *value*
vento 바람 *wind*
vespero 저녁 *evening*
vesto 의복 *garment, piece of clothing*
vizaĝo 얼굴 *face*

8) 제7급-B 형용사 (16단어)

afabla 친절한 *affable, kind*
blanka 하얀 *white*
certa 확실한 *certain*
dekstra 오른쪽 *right*
dolĉa 달콤한 *sweet*
frua 이른 *early*

kuraĝa 용감한 *brave, courageous*
necesa 필요한 *necessary*
nigra 검은 *black*
propra 고유한 *own*
pura 순수한 *pure*

simpla 단순한 *simple*
sola 유일한, 고독한 *alone, sole*
trankvila 고요한, 편안한 *calm,*

tranquil
varma 따뜻한 *warm*
vera 진실한 *true*

9) 제7급-C 동사 (53단어)

aĉeti 사다 *buy*
atendi 기다리다 *wait*
aŭdi 듣다 *hear*
bati 때리다 *beat, strike*
bezoni 필요하다 *need, require*
bruli (불이)타다 *burn*
danki 감사하다 *thank*
dormi (잠)자다 *sleep*
fali 떨어지다 *fall*
fermi 닫다 *close*
flugi 날다 *fly*
halti 멈추다 *stop*
interesi 흥미를 끌다 *interest*
ĵeti 던지다 *throw*
kanti 노래하다 *sing*
konsili 조언하다 *advise*
konstrui 조립하다 *build,*
construct
kosti 비용이 들다 *cost*
kreski 자라다 *grow*
krii 울다 *cry*
kuri 달리다 *run*
lasi 놔두다 *let, leave*
lumi 빛나다 *shine*

manĝi 먹다 *eat*
manki 모자라다 *be lacking, fail*
memori 기억하다 *remember*
miri 놀라다 *be amazed*
naski 낳다 *give birth, bear*
okupi 차지하다 *occupy*
pagi 지불하다 *pay*
pasi 지나다 *pass*
pensi 생각하다 *think*
perdi 잃다 *lose*
permesi 허락하다 *allow,*
permit
postuli 요구하다 *demand,*
require
premi 누르다 *push*
prezenti 소개하다 *introduce*
provi 해보다 *try*
rakonti 이야기하다 *tell,*
narrate
regi 다스리다 *control, govern*
renkonti 만나다 *meet, encounter*
rigardi 바라보다 *look (at)*
rimarki 알아채다 *notice*
senti 느끼다 *feel*

serĉi 찾다 *look for, seek*
soni 울리다 *ring*
ŝanĝi 변하다 *change*
timi 겁내다 *fear*
tiri 당기다 *draw, pull*

trinki 마시다 *drink*
turni 돌다 *turn*
uzi 사용하다 *use*
vojaĝi 여행하다 *travel*

10) 제6급-A 명사 (77단어)

aero 공기 *air*
aĝo 나이 *age*
amaso 무리, 집단 *pile, mass*
angulo 각, 모퉁이 *angle, corner*
aŭtuno 가을 *autumn*
avo 할아버지 *grandfather*
besto 짐승 *beast*
bordo 해안, 강변 *shore*
brako 팔 *arm*
celo 목적, 목표 *purpose, goal*
ĉapelo 모자 (챙 있는) *hat*
daŭro 계속 *duration*
dento 이 *tooth*
dio 신 *god*
direkto 방향 *direction*
doloro 아픔 *pain*
ekzemplo 예 *example*
fajro 불 *fire*
fero 철 *iron*
fiŝo 물고기 *fish*
floro 꽃 *flower*
gazeto 잡지 *gazette, magazine*

glaso (유리)잔 *glass*
ĝardeno 정원 *garden*
historio 역사 *history*
hundo 개 *dog*
ideo 생각, 상상 *idea*
kato 고양이 *cat*
kaŭzo 원인 *cause*
kolo 목 *neck*
kolekto 수집 collection
korpo 몸 *body*
kutimo 습관 *custom, habit*
lakto 우유 *milk*
ligo 결합, 연맹 *league*
ligno 목재 *wood*
linio 선 *line*
marko 기호, 마크 *mark*
mezo 중앙 center
minuto 분 *minute*
momento 순간 *moment*
monato 달 *month*
naturo 자연 *nature*
nazo 코 *nose*

nego 눈 *snow*
nokto 밤 *night*
nombro 수 *number*
nubo 구름 *cloud*
onklo 숙부 *uncle*
ordo 순번, 질서 *order*
orelo 귀 *ear*
pano 빵 *bread*
papero 종이 *paper*
planko 마루(바닥) *floor*
plezuro 기쁨 *pleasure*
plumo 깃털, 펜 *pen*
pluvo 비 *rain*
printempo 봄 *spring*
rivero 강 *river*
rondo 원, 서클 *circle*
rozo 장미 *rose*

sango 피 *blood*
sego 의자 *chair*
somero 여름 *summer*
speco 종류 *kind*
stacio 정거장 *station*
stato 상태 *state*
strato 가로 *street*
sukero 설탕 *sugar*
supro 정상 *top, summit*
ŝipo 배 *ship*
ŝtono 돌 *stone*
vagono 차량 *coach, carriage*
vetero 날씨 *weather*
vilaĝo 촌 *village*
vintro 겨울 *winter*
vitro 유리 *glass*

11) 제6급-B 형용사 (26단어)

agrabla 즐거운 *pleasant, enjoyable*
aparta 별도의, 특별한
separate, particular
atenta 주의깊은 *attentive*
blua 푸른 *blue*
dika 두꺼운, 살찐 *fat, thick*
diversa 여러 가지의 *varied, diverse*
fremda 낯선, 외국의 *strange*
gaja 즐거운 *cheerful*

ĝusta 올바른, 정확한 *right, correct*
hela 밝은 *bright, clear, light*
interna 내부의 *internal*
justa 공정한, 정의로운 *fair, just*
kara 친애하는, 값비싼 *dear, expensive*
komuna 공통의 *common*
kontenta 만족하는 *content*
laca 피곤한 *tired*

larĝa 넓은 *large*
prava 정당한 *justified, right*
precipa 특별한 *chief, principal*
preta 준비된 *ready*
profunda 깊은 *deep*

sana 건강한 *healthy*
sata 배부른 *full, satiated*
sufiĉa 충분한 *enough, sufficient*
utila 쓸모있는 *useful*
verda 초록의 *green*

12) 제6급-C 동사 (48단어)

akcepti 받아들이다 *accept*
aperi 나타나다 *appear*
aŭskulti 듣다, 경청하다 *listen*
batali 싸우다 *battle, fight*
brili 빛나다 *shine*
brui 소음을 내다, 떠들다 *make a noise*
dubi 의심하다 *doubt*
elekti 고르다, 선거하다 *elect*
erari 틀리다 *err*
esperi 희망하다 *hope*
festi 축하하다 *celebrate*
forgesi 잊다 *forget*
frapi 두드리다, 치다 *hit, knock, strike*
gajni 얻다, 이기다 *gain, win*
kalkuli 셈하다 *calculate*
kapti (붙)잡다 *catch*
kaŝi 감추다 *hide*
koleri 화내다 *be angry*
komerci 장사하다 *commerce, trade*
konduki 이끌다, 운전하다

conduct, drive
konsenti 동의하다 *agree*
kovri 덮다 *cover*
kuiri 요리하다 *cook*
kuŝi 눕다 *lie, recline*
lavi 씻다 *wash*
ligi 묶다 *bind, link, tie*
ludi 놀다 *play*
mezuri 재다 *measure*
opinii 의견을 가지다 *opine, think*
ordoni 명령하다 *order, command*
pardoni 용서하다 *pardon*
paŝi 걷다 *step, stride, pace*
peni 애쓰다 *endeavour, try*
plendi 불평하다 *complain*
plori 울다 *cry, weep*
ripozi 쉬다 *rest, repose*
rompi 부수다 *break*
salti 뛰다 *jump. leap*
saluti 인사하다 *greet, salute*
servi 봉사하다 *serve*
silenti 침묵하다 *be silent*

suferi 괴로워하다 *suffer*
tranĉi 자르다 *cut*
tuŝi 만지다 *touch*
veki 깨우다 *wake*

vendi 팔다 *sell*
voki 부르다 *call*
zorgi 돌보다 *care for*

13) 제5급-A 명사 (75단어)

adreso 주소 *address*
animo 영혼 *soul*
arĝento 은 *silver*
azeno 당나귀 *ass, donkey*
benko 벤치 *bench*
bovo 황소 *ox*
brusto 가슴 *chest*
butero 버터 *butter*
danĝero 위험 *danger*
donaco 선물 *gift*
dorso 등 *back*
folio 잎, (종이) 한 장 *leaf, sheet*
fonto 샘 *spring, source*
fundo 바닥 *bottom*
genuo 무릎 *knee*
glacio 얼음 *ice*
greno 곡물 *grain*
grupo 그룹 *group*
herbo 풀 *grass*
horloĝo 시계 *clock, watch*
inko 잉크 *ink*
insekto 곤충 *insect*
kafo 커피 *coffee*

karto 카드 *card, map*
klaso 계급, 학급 *class*
koko 수탉 *rooster*
korbo 바구니 *basket*
koverto 봉투 *envelope*
krajono 연필 *pencil*
kruco 십자가 *cross*
kruro 다리 *leg*
kuko 케익 *cake*
kulero 숟가락 *spoon*
kuzo 사촌 *cousin*
lago 호수 *lake*
lango 혀 *tongue*
leĝo 법률 *law*
limo 경계 *boundary, limit*
luno 달(월) *moon*
maniero 방법 *method, manner*
mastro 주인 *master*
muziko 음악 *music*
numero 번호 *number*
objekto 사물, 대상 *object*
ofico 사무 *office*
ombro 그림자 *shadow*

ovo 알, 달걀 *egg*
paĝo 페이지 *page*
pako 꾸러미, 짐 *pack*
plafono 천장 *ceiling*
porko 돼지 *pig*
poŝo 주머니 *pocket*
poŝto 우편 *post, mail*
produkto 생산 *production*
prunto 빌려줌 *borrow and lend*
radio 라디오 *radio*
regiono 지역 *region*
reĝo 임금 *king*
religio 종교 *religion*
rulo 롤러 *roller*
sako 자루 *sack*

senco 의미 *sense, meaning*
spirito 정신 *spirit*
stelo 별 *star*
sumo 합계 *sum*
ŝafo 양 *sheep*
ŝtato 국가 *state*
ŝtupo 계단 *step*
telero 접시 *dish*
teruro 공포 *terror*
truo 구멍 *hole*
vaporo 증기 *vapour*
verko 저작 *work*
vino 포도주 *wine*
voĉo 목소리, 투표 *voice*

14) 제5급-B 달과 요일의 이름 (19단어)

Januaro 1월 *January*
Februaro 2월 *February*
Marto 3월 *March*
Aprilo 4월 *April*
Majo 5월 *May*
Junio 6월 *June*
Julio 7월 *July*
Aŭgusto 8월 *August*
Septembro 9월 *September*
Oktobro 10월 *October*

Novembro 11월 *November*
Decembro 12월 *December*
lundo 월요일 *Monday*
mardo 화요일 *Tuesday*
merkredo 수요일 *Wednesday*
ĵaŭdo 목요일 *Thursday*
vendredo 금요일 *Friday*
sabato 토요일 *Saturday*
dimanĉo 일요일 *Sunday*

15) 제5급-C 형용사 (20단어)

bruna 갈색의 *brown*

cetera 그 밖의 *remaining*

efektiva 실제의 *actual*

egala 동등한 *equal*

fiksa 고정된 *fixed*

flava 노란 *yellow*

freŝa 신선한 *fresh*

griza 회색의 *gray*

kapabla 유능한 *able, capable*

kulpa 죄지은 *guilty*

lerta 솜씨 좋은 *skilful*

mola 부드러운 *soft*

ordinara 보통의 *ordinary*

peza 무거운 *heavy*

rekta 직접적인 *direct*

saĝa 현명한 *wise*

seka 마른 *dry*

serioza 심각한 *serious*

simila 비슷한 *similar*

vasta 넓은 *vast, wide*

16) 제5급-D 동사 (42단어)

agi 행동하다 *act*

amuzi 즐겁게 하다 *amuse*

aranĝi 준비하다 *arange*

atingi 도착하다 *achieve, attain, reach*

bani 목욕시키다 *bathe*

ĉesi 그치다 *cease*

decidi 결정하다 *decide*

efiki 효과가 있다 *have effect*

ekzisti 존재하다 *exist*

estimi 존경하다 *esteem*

fiksi 고정하다 *fix, make fast*

flui 흐르다 *flow*

gardi 지키다 *guard, keep*

instrui 가르치다 *teach*

intenci 의도하다 *intend*

inviti 초대하다 *invite*

juĝi 재판하다 *judge*

klini 기울이다 *incline*

kompati 동정하다 *pity, sympathize*

konservi 보존하다 *conserve, keep*

krei 창조하다 *create*

kuraci 치료하다 *cure*

marŝi 행진하다 *march, walk*

moki 놀리다 *mock*

pendi 걸다 *hang*

plaĉi 마음에 들다 *be pleasing, please*

preferi 더 좋아하다 *prefer*
prepari 준비하다 *prepare*
promeni 산책하다 *go for a walk*
promesi 약속하다 *promise*
puŝi 밀다 *push*
ripeti 반복하다 *repeat*
ruli 굴리다, 말다 *roll*
spiri 숨 쉬다 *breathe, respire*
studi 연구하다 *study*

sukcesi 성공하다 *success*
ŝati 좋아하다 like
ŝlosi 잠그다 *lock*
ŝteli 훔치다 *steal*
tondi 가위로 자르다 *cut, shear*
trafi 맞히다, 명중하다 *hit*
viziti 방문하다 *visit*
[이상 단어 자료 2)~16) 합계는 565단어]

17) 보충 A (57단어)

본서 기본단어(900단어) 1)~16)에 수록되어 있지 않으나, 〈Kontakto〉의 기본단어 초급수준 414개에 지정되어 있는 단어의 나머지 (57개)

artikolo 기사 *article*
asocio 협회 *association*
aŭt(omobil)o 자동차 *automobile*
aŭtobuso 버스 *(auto)bus*
ĉefo 우두머리 *chief*
doktoro 박사, 의사 *doctor*
eduki 교육하다 *educate*
fako 부문 *section*
fakto 사실 *fact*
filmo 필름 *film*
foto 사진 *photograph*
funkcio 기능 *function*
ĝenerala 일반적인 *general*
informi 통지하다 *inform*

kasedo 카세트 *cassette*
klubo 클럽 *club*
kongreso 대회 *congress*
kontakto 접촉 *contact*
kulturo 문화 culture
kurso 강습회 *course*
leciono 수업, 과 *lesson*
literaturo 문학 *literature*
maŝino 기계 *machine*
membro 회원 *member*
metodo 방법 *method*
minuso 마이너스 *minus*
organizi 조직하다 *organize*
plura 약간의 *several*

poemo 시 *poem*
presi 인쇄하다 *print*
prezidi 사회하다 *preside*
problemo 문제 *problem*
publiko 공중 *public*
raporti 보고하다 *report*
redakti 편집하다 *edit*
regulo 규칙 *rule*
rekomendi 추천하다 *recommend*
revuo 평론 *review*
rilato 관계 *relation*
salono 응접실, 살롱 *salon*
scienco 과학 *science*
signifo 의미 *signification*
simila 비슷한 *similar*

situacio 상황 *situation*
skatolo 상자 *box, case*
speciala 특수한 *special*
sperta 경험 있는 *experienced*
sporto 스포츠 *sport*
teatro 극장 *theater*
telefono 전화 *telephone*
televido 텔레비전 *television*
temo 주제 *theme*
traduko 번역 *translation*
trovi 찾다 *find*
universala 세계의 *universal*
universitato (종합)대학교 *university*
viando 고기 *meat*

18) 보충 B (108단어)

본서의 단어 자료 1)~17)에 수록되어 있지 않으나, 중학생에게 필요한
영어단어에 상당하는 108단어

akiri 획득하다 *acquire*
alveni 도착하다 *arrive*
animalo 동물 *animal*
ankoraŭ unu 또 다른
aviadilo 항공기 *airplane*
basbalo 야구 *baseball*
bebo 아기 *baby*
bedaŭri 유감스럽다 *be sorry*
bel(et)a 예쁜 *pretty*
biblioteko 도서관 *library*

biciklo 자전거 *bicycle*
boato 보트 *boat*
bovino 암소 *cow*
ĉi tie 여기 *here*
ĉiam 항상 *always*
de …로부터 *off, from*
duona 절반의 *half*
ekiri 출발하다 *start going*
elspezi 지출하다 *spend*
(farm)bieno 농장 *farm*

filino 딸 *daughter*
fratino 자매 *sister*
fraŭlino 처녀 *Miss*
geknaboj 소년 소녀 *children*
glit-kuri 스케이트 타다 *skate*
grimpi 기어오르다 *climb*
(iu)foje 때때로 *sometimes*
iom 약간의, 얼마간의 *some*
iu 누군가, 어떤 *some*
kiel …처럼 *as*
klas-ĉambro 교실 *classroom*
knabino 소녀 *girl*
konstruaĵo 건물 *building*
kreto 분필 *chalk*
kuirejo 부엌 *kitchen*
lageto 연못 *pond*
lernanto 학생 *pupil*
lilio 백합 *lily*
ludo 놀이, 게임 *game*
magazeno 상점 *shop*
manĝaĵo 음식 *food*
malalta 낮은 *low*
malbona 나쁜 *bad*
maldekstra 왼쪽의 *left*
malfermi 열다 *open*
malgranda 작은 *little, small*
malhela 어두운 *dark*
maljuna 늙은 *old*
mallonga 짧은 *short*
malmola 딱딱한 *hard*

malmulta 적은 *few*
malnova 오래된 *old*
malrapide 천천히 *slowly*
malriĉa 가난한 *poor*
malsana 아픈 *ill, sick*
malsupre(n) 아래에(로) *below*
malvarm(eg)a 추운 *cold*
malvarmeta 서늘한 *cool*
matanmanĝo 아침식사 *breakfast*
monteto 언덕 *hill*
naĝi 헤엄치다 *swim*
neniam 한번도 … 안 한 *never*
nigra tabulo 칠판 *blackboard*
nordo 북쪽 *north*
nuba 흐린 *cloudy*
okcidento 서쪽 *west*
okupata 바쁜 *busy*
onklino 숙모 *aunt*
oranĝo 오렌지, 귤 *orange*
oriento 동쪽 *east*
parko 공원 *park*
pasinta 지난 *past*
patrino 어머니 *mother*
pentri 그리다 *paint*
piano 피아노 *piano*
pilko 공 *ball*
la plej bona 가장 좋은 *the best*
pli bona 보다 좋은 *better*
pomo 사과 *apple*
ponto 다리 *bridge*

pordego 대문 gate
posttagmezo 오후 afternoon
pupo 인형 doll
rideti 미소짓다 smile
sezono 계절 season
sekvanta 다음의 next
sinjorino 숙녀 lady
skio 스키 ski
sudo 남쪽 south
ŝuoj 구두 shoes
taglibro 일기 diary
tagmanĝo 점심식사 lunch
tagmezo 정오 noon
taso 잔, 컵 cup
teniso 테니스 tennis

teo 차 tea
tia 그러한 such
tie 그곳에 there
trajno 열차 train
tranĉilo 칼 knife
tute 전부, 전혀 entirely
unu aŭ la alia 어느 것이나
either
unu fojon 한 번 once
vendejo 가게, 상점 shop
venonta 다음의 next
vespermanĝo 저녁식사 supper,
dinner
virino 여자, 여성 woman
vortaro 사전 dictionary

19) 에스페란토대회 용어 (60단어)

aboni 구독하다 subscribe
akceptejo 접수대 reception
(desk)
asocio 협회 association
balo 무도회 ball
bankedo 만찬회 banquet
bileto 입장권 ticket
ĉeesti 참석하다 be present
Ĉe-metodo '체'직접교수법
Cseh-method
ĉiĉerono 관광안내원 tour
guide

delegito 대표자 delegate
diskuto 토론 discussion
doganejo 세관 custom house
ekskurso 소풍, 탐방 excursion
elĉerpita 매진된 sold out
gazeto 잡지 gazette, magazine
grado 정도, 도 grade
grupo 그룹 group
ĝui 즐기다 enjoy
himno 성가 hymn
imposto 세금 tax
inaŭguro 개회식 inauguration

informilo 안내서, 팜플렛 *information letter*

insigno 배지 *badge*

interkona vespero 친교의 밤

KEA 한국에스페란토협회 *Korea Esperanto-Asocio*

JEI 일본에스페란토협회 *Japana Esperanto-Instituto*

karavano 여행단체 *tour group, caravan*

klubo 클럽 *club*

komencanto 초보자 *beginner*

kongreso 대회 *congress*

kongreslibro 대회책자 *congress-book*

kongresnumero 대회등록번호 *congress-number*

konkurso 시합, 경기 *contest*

konto 구좌 *account*

kotizo 회비 *dues, membership fee*

kunsido 집회, 회의 *meeting*

kurso 강습회 *course*

legolibro 독본 *reader*

lekcio 강의 *lecture*

libroservo 도서판매 *book service*

manĝejo 식당 *cafeteria*

monofero 기부금 *donation*

nomkarto 명찰 *name-card*

parolado 강연 *speech*

partopreni 참가하다 *attend, take part*

peranto 중개자 *agent*

prelego 강의 *lecture*

prezidanto 회장, 사회자 *chair-person*

redakcio 편집부 *editorial department*

rendevutabulo 알림판 *message board*

restoracio 식당 *restaurant*

rondo 동아리 *circle*

samideano 동지 *comrade*

stariĝi 일어서다 *stand up*

subskribi 서명하다 *subscribe*

turismo 관광 *tourism*

UEA 세계에스페란토협회 *Universala Esperanto-Asocio*

UK 세계에스페란토대회 *Universala Kongreso de Esperanto*

vendejo 매장 *shop*

verda standardo 녹성기(綠星旗) *green standard*

verda stelo 초록별 *green star*

2. 삽화로 배우는 단어집

(영어, 프랑스어, 독일어와 대조한 392개 단어)

여기서는 의식주를 중심으로 해서 일상생활에 필요한 자주 나오는 단어 392개를 모았습니다.

각 언어의 특징상 꼭 일치되는 단어가 아닌 경우도 있으니 이해해 주기 바랍니다.

영어 교정에 Klivo Lendon 씨, 프랑스어 교정에 Marie-Jeanne Liné 씨, 독일어 교정에는 프랑크푸르트에 30년간 살고 있는 Rokuro Makabe 교수께서 수고해 주셨습니다.

1) 자연 naturo (에스페란토, 영어, 프랑스어, 독일어 순서)

1.	해	suno	sun	solei	Sonne
2.	빛	lumo	light	lumière	Licht
3.	하늘	ĉielo	sky	del	Himmel
4.	나무	arbo	tree	arbre	Baum
5.	산	monto	mountain	montagne	Berg
6.	구름	nubo	cloud	image	Wolke
7.	번개	fulmo	lightning	foudre	Blitz
8.	우레	tondro	thunder	tonnerre	Donner
9.	비	pluvo	rain	pluie	Regen
10.	날씨	vetero	weather	temps	Wetter
11.	마을	vilaĝo	village	village	Dorf
12.	도시	urbo	city	ville	Stadt
13.	숲	arbaro	forest	foret	Wald
14.	연기	fumo	smoke	fumèe	Rauch
15.	밤	nokto	night	nuit	Nacht
16.	별	stelo	star	étoile	Stern
17.	달	luno	moon	lune	Mond
18.	낮, 날	tago	day	jour	Tag
19.	섬	insulo	island	ile	Insel
20.	바다	maro	sea	mer	Meer
21.	파도	ondo	wave	vague	Welle
22.	들판	kampo	field	campagne	Feld
23.	풀	herbo	grass	herbe	Gras
24.	연못	lageto	pond	étang	Teich
25.	낚시	fiŝkaptado	fishing	pèche	Angeln
26.	호수	lago	lake	lac	See
27.	강	rivero	river	rivière	Fluß
28.	다리	ponto	bridge	pont	Brücke
29.	모래	sablo	sand	sable	Sand
30.	불	fajro	fire	feu	Feuer
31.	따뜻한	varma	warm	chaud	warm
32.	물	akvo	water	eau	Wasser

2) 행동 동사 verboj pri ago

1.	잠자다	dormi	sleep	dormir	schlafen
2.	면도하다	razi	shave	raser	sich rasieren
3.	빗질하다	kombi	comb	peigner	kämmen
4.	배우다	lerni	learn	étudier	lernen
5.	가르치다	instrui	teach, instruct	enseigner, instruire	lehren
6.	목욕하다	baniĝi	bathe	prendre un	baden
7.	노래하다	kanti	sing	chanter	singen
8.	걷다	paŝi, marŝi	walk	marcher	gehen
9.	말하다	paroli	speak	parler	sprechen
10.	앉다	sidiĝi	sit	s'asseoir	sich setzen
11.	경청하다	aŭskulti	listen	écouter	zuhören
12.	마시다	trinki	drink	boire	trinken
13.	침묵	silento	silence	silence	Schweigen
14.	잡담하다	babili	chat	bavarder	plappern
15.	듣다	aŭdi	hear	entendre	hören
16.	읽다	legi	read	lire	lesen
17.	먹다	manĝi	eat	manger	essen
18.	웃다	ridi	laugh	rire	lachen
19.	불평하다	plendi	complain	se plaindre	klagen
20.	화내다	koleri	be angry	etre en colère	sich ärgern
21.	서다	stari	stand	se tenir debout	stehen
22.	울다	krii	cry	crier	schreien
23.	달리다	kuri	run	courir	rennen
24.	하품하다	oscedi	yawn	bâiller	gähnen
25.	보다	vidi	see	voir	sehen
26.	눈물	larmo	tear	larme	Träne
27.	바라보다	rigardi	regard	regarder	blicken
28.	울다	plori	weep	pleurer	weinen

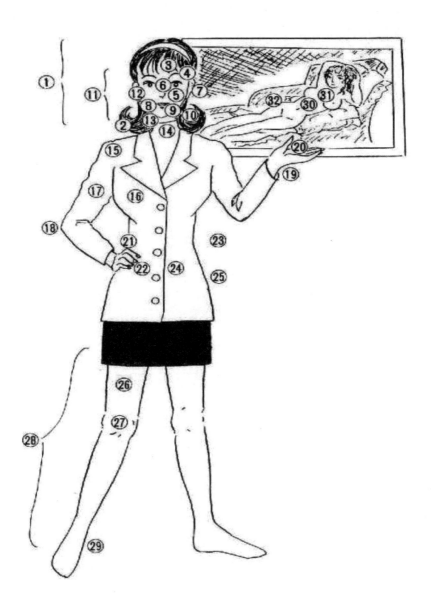

3) 신체 korpo

1.	머리	kapo	head	tête	Kopf
2.	머리카락	hararo	hair	cheveux	Haar
3.	이마	frunto	forehead	front	Stirn
4.	눈썹	brovo	eyebrow	sourcil	Augenbraue
5.	눈	okulo	eye	ocil	Auge
6.	코	nazo	nose	nez	Nase
7.	귀	orelo	ear	oreille	Ohr
8.	입	buŝo	mouth	bouche	Mund
9.	이	dento	tooth	dent	Zahn
10.	입술	lipo	lip	lèvre	Lippe
11.	얼굴	vizaĝo	face	visage	Gesicht
12.	뺨	vango	cheek	joue	Backe
13.	턱	mentono	chin	menton	Kinn
14.	목	kolo	neck	cou	Hals
15.	어깨	ŝultro	shoulder	épaule	Schulter
16.	가슴	brusto	breast	poitrine	Brust
17.	팔	brako	arm	bras	Arm
18.	팔꿈치	kubuto	elbow	coude	Ellbogen
19.	손	mano	hand	main	Hand
20.	손바닥	manplato	palm	paume	Handfläche
21.	손가락	fingro	finger	doigt	Finger
22.	손톱	ungo	nail	ongle	Nagel
23.	몸통	trunko, torso	trunk, torso	tronc, torse	Rumpf
24.	배	ventro	belly	ventre	Bauch
25.	허리	talio	waist	taille	Hüfte
26.	대퇴	femuro	thigh	cuisse	Schenkel
27.	무릎	genuo	knee	genou	Knie
28.	하지	kruro	leg	jambe	Bein
29.	발	piedo	foot	pied	Fuß
30.	배꼽	umbiliko	navel	nombril	Nabel
31.	유방	mamo	breast	sein	Brust, Busen
32.	엉덩이	kokso	hips	hanche	Gesäß

4) 의복 vestaĵoj

1.	꿰매다	kudri	sew	coudre	nähen
2.	실	fadeno	thread	fil	Faden
3.	바늘	kudrilo	needle	aiguille	Nadel
4.	천, 옷감	tuko	cloth	toile	Tuch
5.	뜨개질하다	triki	knit	tricoter	stricken
6.	털실	lan(faden)o	woolen yarn	fil de laine	Wollgarn
7.	긴 양말, 스타킹	longaj ŝtrumpoj	stockings	bas	Strümpfe
8.	광내다	ciri, poliiri	polish	polir	polieren
9.	솔	broso	brush	brosse	Bürste
10.	신발	ŝuoj	shoes	chaussures	Schuhe
11.	내의	subrobo	chemise	chemise	Unterrock
12.	손수건	naztuko	handkerchief	mouchoir	Taschentuch
13.	티셔츠	T-ĉemizo	T-shirt	T-chemise	T-Shirt
14.	수건	bantuko	towel	serviette	Handtuch
15.	블라우스	bluzo	blouse	blouse	Bluse
16.	스웨터	ĵerzo	sweater	chandail	Pullover
17.	자켓	jako	jacket	veston	Anzug
18.	넥타이	kravato	necktie	cravate	Krawatte
19.	와이셔츠	blanka ĉemizo	white shirt	chemise	Oberhemd
20.	칼라	kolumo	collar	col	Kragen
21.	단추	butono	button	bouton	Knopf
22.	주머니	poŝo	pocket	poche	Tasche
23.	바지	pantalono	trousers	pantalon	Hose
24.	안경	okulvitroj	glasses	lunettes	Brille
25.	씻다	lavi	wash	laver	waschen
26.	비누	sapo	soap	savon	Seife
27.	웃옷	jako	coat	veste	Rock
28.	치마	jupo	skirt	jupe	Rock
29.	우산	ombrelo	umbrella	parapluie	Regenschirm

5) 음식 manĝaĵoj

1.	과자	kuko	cake	gâteau	Torte
2.	비스켓	biskvito	biscuit, cracker	biscuit	Plätzchen
3.	맥주	biero	beer	bière	Bier
4.	빵	pano	bread	pain	Brot
5.	버터	butero	butter	beurre	Butter
6.	소세지	kolbaso	sausage	saucisse	Wurst
7.	생선	fiŝo	fish	poisson	Fisch
8.	햄	ŝinko	ham	jambon	Schinken
9.	당근	karoto	carrot	carrate	Möhre
10.	감자	terpomo	potato	pomme de terre	Kartoffel
11.	오이	kukumo	cucumber	concombre	Gurke
12.	멜론	melono	melon	melon	Melone
13.	베이컨	lardo	bacon	lard fumé	Speck
14.	토마토	tomato	tomato	tomate	Tomate
15.	치즈	fromaĝo	cheese	fromage	Käse
16.	딸기	frago	strawberry	fraise	Erdbeere
17.	고기	viando	meat	viande	Fleisch
18.	커피	kafo	coffee	café	Kaffee
19.	차	teo	tea	thè	Tee
20.	설탕	sukero	sugar	sucre	Zucker
21.	오믈렛	omleto	omelette	omelette	Omelett
22.	밥	kuirita rizo	cooked rice	riz cuit	gekochter Reis
23.	주스	suko	juice	jus	Saft
24.	국	supo	soup	soupe	Suppe
25.	채소	legomoj	vegetables	légumes	Gemüsen
26.	소금	salo	salt	sel	Salz
27.	우유	lakto	milk	lait	Milch
28.	사과	pomo	apple	pomine	Apfel

6) 주방 kuirejo

1.	병	botelo	bottle	bouteille	Fiasche
2.	통조림	ladmanĝaĵo	canned food	conserve	Konserven dose
3.	찻잔	te-taso	teacup	tasse à thè	Tasse
4.	받침접시	sub-taso	saucer	soucoupe	Untertasse
5.	조미료	kondimento	condiment	assaisonne- ment	Gewürz
6.	국자	kulerego	ladle	louche	Schöpflöffel
7.	프라이팬	pato	frying-pan	poele	(Brat) pfanne
8.	유리컵	glaso	glass	verre	Glas
9.	전자레인지	mikroonda forno	micro-wave	cuisinière à micro-onde	Mikrowel- lenherd
10.	주전자	bolilo	kettle	bouilloire	Kessel
11.	사발, 공기	bovlo	bowl	bol	Eßschüssel
12.	접시	telero	dish, plate	plat, assiette	Schüssel, Teller
13.	냉장고	fridujo	refrigerator	réfrigerateur	Kühlschrank
14.	냄비	kaserolo	pan	casserole	Kochtopf
15.	가스레인지	gasfornelo	gas-range	cuisinière à gaz	Gasherd
16.	오븐	bakujo,forno	oven	four	Backofen
17.	꿀	mielo	honey	miei	Honig
18.	설탕	sukero	sugar	sucre	Zucker
19.	식칼	tranĉilo	knife	couteau	Küchenmesser
20.	계란	ovo	egg	oeuf	Ei
21.	자루	sako	sack	sac	Sack
22.	주전자	kruĉo	pitcher	carafe	Krug
23.	숟가락	kulero	spoon	cuiller	Löffel
24.	나이프	tranĉilo	knife	couteau	Messer
25.	포크	forko	fork	fourchette	Gabel
26.	상자	skatolo	box	boite	Schachtel

7) 집 domo

1.	주방	kuirejo	kitchen	cuisine	Küche
2.	전등	elektra lampo	lamp	lampe	Lampe
3.	식당	manĝejo	dining room	salle à manger	Speisezimmer
4.	아기방	infan-ĉambro	nursery	chambre d'enfants	Kinderstube
5.	거실	familia ĉambro	living room	salle de séjour	Wohnzimmer
6.	피아노	piano	piano	piano	Klavier
7.	안락의자	apogseĝo	easy chair	fauteuil	Sessel
8.	탁자	tablo	table	table	Tisch
9.	신문	ĵurnalo	newspaper	journal	Zeitung
10.	현관	vestiblo	vestibule	vestibule	Haustür
11.	계단	ŝtuparo	stairs	escalier	Treppe
12.	복도	koridoro	corridor	corridor	Korridor
13.	집	domo	house	maison	Haus
14.	지붕	tegmento	roof	toit	Dach
15.	기와	tegolo	tile	tuile	Ziegel
16.	문	pordo	door	porte	Tür
17.	차고	aŭtejo	garage	garage	Garage
18.	정원	ĝardeno	garden	jardin	Garten
19.	화장실	necesejo	toilet, lavatory	toilettes	Toilette
20.	천장	plafono	ceiling	plafond	Decke
21.	세면대	lavujo	sink	lavabo	Waschbecken
22.	욕실	banejo	bathroom	dalle de bain	Badezimmer
23.	샤워	duŝo	shower	douche	Dusche
24.	침실	dorm-ĉambro	bedroom	chambre à coucher	Schlafzimmer
25.	옷장	komodo	wardrobe	commode	Schrank

8) 방 ĉambro

1.	벽	muro	wall	mur	Wand
2.	시계	horloĝo	clock	horloge	Uhr
3.	커튼	kurteno	curtain	rideau	Vorhang
4.	창문	fenestro	window	fenêtre	Fenster
5.	유리	vitro	pane	vitre	Fensterscheibe
6.	텔레비젼	televidilo	television	télévision	Fernsehen
7.	침대	lito	bed	lit	Bett
8.	베개	kapkuseno	pillow	oreiller	Kissen
9.	시트	littuko	sheet	drap	Bettuch
10.	쓰레기통	rubujo	wastebasket	panier à chiffon	Papierkorb
11.	소파	sofo	sofa	sofa	Sofa
12.	쿠션	kuseno	cushion	coussin	Kissen
13.	곰인형	remburita urso	teddy bear	ours en peluche	Stoffbär
14.	가방	kajerteko	handsatchel	cartable	Tasche
15.	소녀	knabino	girl	fille	Mädchen
16.	책	libro	book	livre	Buch
17.	의자	seĝo	chair	chaise	Stuhl
18.	책장	libro-ŝranko	book-shelf	bibliothèque	Bücher-schrank
19.	인형	pupo	doll	poupée	Puppe
20.	마루	planko	floor	plancher	Fußboden
21.	카페트	tapiŝo	carpet	tapis	Teppich
22.	책상	skribtablo	desk	bureau	Tisch
23.	지우개	skrapgumo	eraser	gomme	Gummi
24.	연필	krajono	pencil	crayon	Bleistift
25.	공책	kajero	notebook	cahier	Notizbuch
26.	사전	vortaro	dictionary	dictionnaire	Wörter-buch
27.	가위	tondilo	scissors	ciseaux	Schere
28.	커터	tranĉilo	knife	couteau	Messer

9) 식물 plantoj

1.	벗꽃	sakuro	cherry tree	cerisier	Kirschbaum
2.	꽃	floro	flower	fleur	Blume
3.	잎	folio	leaf	feuille	Blatt
4.	가지	branĉo	branch	branche	Zweig
5.	소나무	pino	pine	pin	Kiefer
6.	살구	umeo	plum-tree	prunier	Pflaumenbaum
7.	대나무	bambuo	bamboo	bambou	Bambus
8.	줄기	trunko	trunk	tronc	Stamm
9.	수선화	narciso	daffodil	narcisse	Narzisse
10.	민들레	leontodo	dandelion	pissenlit	Löwenzahn
11.	튤립	tulipo	tulip	tulipe	Tulpe
12.	동백꽃	kamelio	camellia	camèlia	Kamelie
13.	팬지	trikoloreto	pansy	pensée	Stiefmütterchen
14.	은방울꽃	konvalo	lily of the valley	muguet	Maiblume
15.	나팔꽃	farbito	morning glory	belle-de-jour	Trichterwinde
16.	백합	lilio	lily	lis	Lilie
17.	장미	rozo	rose	rose	Rose
18.	코스모스	kosmoso	cosmos	cosmos	Kosmee
19.	국화	krizantemo	chrysanthemum	chrysanthème	Chrysantheme
20.	해바라기	sun-floro	sunflower	tournesol	Sonnen-blume
21.	줄기	tigo	stem	tige	Stengel
22.	뿌리	radiko	root	racine	Wurzel
23.	그루터기	stumpo	stump	souche	Stumpf
24.	봄	printempo	spring	printemps	Frühling
25.	여름	somero	summer	été	Sommer
26.	가을	aŭtuno	autumn	automne	Herbst
27.	겨울	vintro	winter	hiver	Winter

10) 동물 animaloj

1.	기린	ĝirafo	giraffe	girafe	Giraffe
2.	호랑이	tigro	tiger	tigre	Tiger
3.	늑대	lupo	wolf	loup	Wolf
4.	사자	leono	lion	lion	Löwe
5.	코끼리	elefanto	elephant	éléphant	Elefant
6.	곰	urso	bear	ours	Bär
7.	새	birdo	bird	oiseau	Vogel
8.	당나귀	azeno	ass	âne	Esel
9.	여우	vulpo	fox	renard	Fuchs
10.	양	ŝafo	sheep	mouton	Schaf
11.	염소	kapro	goat	chèvre	Geiss
12.	카나리아	kanario	canary	canari	Kanarienvogel
13.	낙타	kamelo	camel	chameau	Kamel
14.	돼지	porko	pig	cochon	Schwein
15.	암탉	kokino	hen	poule	Henne
16.	원숭이	simio	monkey	singe	Affe
17.	말	ĉevalo	horse	cheval	Pferd
18.	고양이	kato	cat	chat	Katze
19.	개	hundo	dog	chien	Hund
20.	나비	papilio	butterfly	papillon	Schmetterling
21.	집토끼	kuniklo	rabbit	lapin	Kaninchen
22.	꿀벌	abelo	bee	abeille	Biene
23.	쥐	rato	rat	rat	Ratte
24.	참새	pasero	sparrow	moineau, passereau	Spatz
25.	암소	bovino	cow	vache	Kuh
26.	생선	fiŝo	fish	poisson	Fisch
27.	오리	anaso	duck	canard	Ente
28.	거북	testudo	turtle	tortue	Schildkröte
29.	개구리	rano	frog	grenouille	Frosch
30.	곤충	insekto	insect	insecte	Insekt
31.	개미	formiko	ant	fourmi	Ameise

11) 오락 amuzaĵoj

1.	극장	teatro	theater	théatre	Theater
2.	막	kurteno	curtain	rideau	Vorhang
3.	합창단	ĥoro	chorus	chœur	Chor
4.	노래하다	kanti	sing	chanter	singen
5.	연극	dramo	drama	drame	Drama
6.	역할	rolo	part, role	rôle	Rolle
7.	왕자	princo	prince	prince	Prinz
8.	동상	statuo	statue	statue	Standbild
9.	음악	muziko	music	musique	Musik
10.	동화	fabelo	fairy tale	conte de fées	Märchen
11.	박수	aplaŭdo	cheers, applause	applaudissement	Beifall
12.	장편소설	romano	romance	roman	Liebesroman
13.	그리다	pentri	paint	peindre	malen
14.	카세트	sonbendilo	taperecorder	magnétophone	Tonbandgerät
15.	요술	ĵonglado	magic	prestidigitation	Taschenspielerei
16.	트럼프	ludkartoj	cards	cartes	Karten
17.	인형	pupo	doll	poupée	Puppe
18.	카메라	fotilo	camera	appareil	Kamera
19.	그네	balancilo	swing	balançoire	Schaukel
20.	뛰다	salti	jump	sauter	springen
21.	노젓다	remi	row	ramer	rudern
22.	물에 빠지다	droni	drown	se noyer	ertrinken
23.	수영하다	naĝi	swim	nager	schwimmen
24.	스케이트 타다	sketi, glitkuri	skate	patiner	gleiten
25.	소풍가다	ekskurso	hike	excursion à pied	Wandern, Ausflug
26.	피곤하다	laciĝi	be tired	être fatigué	ermüden

12) 건물·교통 konstruaĵoj kaj trafiko

1.	여객선	(pasaĝer) ŝipo	(passenger) ship	navire	Schiff
2.	궁전	palaco	palace	palais	Palast
3.	공원	parko	park	pare	Park
4.	벤치	benko	bench	banc	Bank
5.	분수	fontano	fountain	fontaine	Springbrunnen
6.	가로수길	aleo	avenue	avenue	Allee
7.	횡단보도	transirejo	crosswalk	passage clouté	Fußgänger Übergang⁻
8.	가로	strato	street	rue	Straße
9.	기숙사	pensiono	dormitory, pension	pensionnat	Logierhaus
10.	학교	lernejo	school	école	Schule
11.	운동장	sportejo	playground	cour de recreation	Spielplatz
12.	대성당	katedralo	cathedral	cathédral	Kathedrale
13.	성	kastelo	castle	château	Schloß
14.	탑	turo	tower	tour	Turm
15.	호텔	hotelo	hotel	hôtel	Hotel
16.	자동차	aŭto	car	automobile	Auto
17.	다방	kafejo	tea-house	café	Teehaus
18.	서점	librovendejo	bookshop	librairie	Buchhandlung
19.	자전거	biciklo	bicycle	bicyclette	Fahrrad
20.	버스	(omni)buso	bus	autobus	Ommibus
21.	택시	taksio	taxi	taxi	Taxi
22.	큰상점, 백화점	magazeno	store	boutique	Laden
23.	역	stacidomo	station	gare	Bahnhof
24.	플랫폼	kajo	platform	quai	Bahnsteig
25.	기차	trajno, vagonaro	train	train	Zug
26.	교차로	kruciĝejo	crossing	carrefour	Kreuzung

13) 통신·여행 komunikado kaj vojaĝo

1.	우편엽서	poŝtkarto	postcard	carte postale	Postkarte
2.	그림엽서	bildkarto	picture postcard	carte postale illustrée	Ansichts-karte
3.	봉투	koverto	envelope	enveloppe	Briefum-schlag
4.	항공우편	aerpoŝto	airmail	post aérienne	Luftpost
5.	주소	adreso	address	adresse	Anschrift
6.	편지	letero	letter	lettre	Brief
7.	소포	pakaĵo	parcel	col is	Paket
8.	우표	poŝtmarko	postage stamp	timbre-poste	Briefmarke
9.	팩시밀리	telefakso	fax machine	télécopieur	Telefax
10.	복사기	kopiilo	photocopyma chine	photocopieuse	Kopiergerät
11.	컴퓨터	komputilo	computer	ordinateur	Computer
12.	전화기	telefono	telephone	téléphone	Telephon
13.	마이크	mikrofono	microphone	microphone	Mikrophon
14.	라디오	radio	radio	radio	Radio
15.	이정표	vojmontrilo	guide-post	poteau indicateur	Wegweiser
16.	계산기	kalkulilo	calculator	calculatrice de poche	Taschen rechner
17.	여행가방	valizo	suitcase	valise	Koffer
18.	지도	mapo	map	carte	Landkarte
19.	팁	trinkmono, gratifiko	tip,gratuity	pourboire	Trinkgeld
20.	동전	monero	coin	pièce de monnaie	Münze
21.	손가방	mansaketo	handbag	sac à main	Handtasche
22.	여권	pasporto	passport	passeport	Reisepaß

14) 형태 formoj

1.	중심, 중앙	centro	center	centre	Zentrum
2.	가장자리	bordero	brim, border	bordure	Rand
3.	끝	pinto	point	pointe	Spitze
4.	순서	ordo	order	ordre	Ordnung
5.	줄무늬	strio	stripe	raie	Streifen
6.	집단	grupo	group	groupe	Gruppe
7.	중간	mezo	middle	milieu	Mitte
8.	우측의	dekstra	right	droite	recht
9.	좌측의	maldekstra	left	gauche	link
10.	가장자리	rando	edge	bord	Rand
11.	각도	angulo	angle	angle	Winkel
12.	광경	sceno	scene	scène	Szene
13.	형태	formo	shape, form	forme	Form
14.	원	rondo	circle	cercle	Kreis
15.	정사각형	kvadrato	square	carré	Viereck
16.	직사각형	rektangulo	rectangle	rectangle	Rechteck
17.	삼각형	triangulo	triangle	triangle	Dreieck
18.	십자형	kruco	cross	croix	Kreuz
19.	동	oriento	east	est	Osten
20.	서	okcidento	west	ouest	Westen
21.	남	sudo	south	sud	Süden
22.	북	nordo	north	nord	Norden
23.	나침반	kompaso	compass	boussüle	Kompaß
24.	모양	figuro	figure	figure	Figur
25.	구형	sfero	sphere	sphère	Kugel
26.	입방체	kubo	cube	cube	Würfel
27.	구형	globo	globe	globe	Globus
28.	평행의	paralela	parallel	parallèle	parallel
29.	선	linio	line	ligne	Linie
30.	헤아리다	nombri	count	compter	zählen
31.	(몇)번	fojo	time	fois	Mal
32.	번호	numero	number	numéro	Nummer

3. 각종 단어집

1) 전치사

al …으로, …에 *to*
>La knabino iris al la lernejo. (소녀는 학교에 갔다.) *The girl went to the school.*

anstataŭ …의 대신에 *instead of* …
>Anstataŭ oranĝon ŝi donis al mi biskvitojn. (그녀는 나에게 귤 대신에 과자를 주었다.) *Instead of an orange she gave me cookies.*

antaŭ …의 앞에 before (시간)
>Tiu ĉi lingvo naskiĝis antaŭ cent sep jaroj. (이 언어는 107년 전에 탄생 됐다.) *This language was born 107 years ago.*
>Antaŭ vesperiĝo la edzino revenis hejmen. (저녁이 되기 전에 아내는 집으로 돌아갔다.) *Before evening the wife went back home.*

…의 앞에 *in front of* (장소)
>La aŭtobuso haltis antaŭ la kongresejo. (버스가 대회장 앞에 멈추었다.) *The bus stopped in front of the congress hall.*
>La akceptanto staris antau la skribtablo. (접수계원은 책상 앞에서 있었다.) *The receptionist stood before the desk.*

apud …옆에, 가까이 *besidey nearby*
>Bonvole venu apud min! (제 옆으로 오십시오.)
>*Please come beside me.*

ĉe …에서, …에 *at* (장소)
>La vagonaro haltis ĉe la stacio Taegu. (기차는 대구역에 멈추었다.)
>*The train stopped at the Taegu station.*

…에서, …에 *at* (시간)
>Ni alvenos ĉe la subiro de la suno. (우리는 해질 무렵 도착할

것이다.) *We will arrive at sunset.*

ĉirkaŭ ···의 주위에 *around* (장소)

Ili staris ĉirkaŭ la tablo. (그들은 탁자 주위에 둘러섰다.)

They stood around the table.

···경 (언제쯤) *about* (시간)

La instruisto alvenos ĉirkaŭ la 19-a horo. (선생님은 19시경에
올 것이다.) *The teacher will arrive around 7 o'clock p.m.*

da ···의 *of* (수량표시 단어 뒤에)

Miloj da esperantistoj kolektiĝas. (수천 명의 에스페란티스토들이
모인다.) *Thousnads of esperantists are gathering.*

Bonvole donu al mi glason da akvo. (미안하지만 물 한 잔
주세요.) *Please give me a glass of water.*

de ···의 *of* (소유)

La domo de mia onklo estas flava. (숙부의 집은 노랗다.)

My uncle's house is yellow.

···로부터 *from* (시간의 출발점)

Mi lernas Esperanton de 1991. (나는 1991년부터 에스페란토를
배우고 있다.) *I have been learning Esperanto since 1991.*

···로부터 *from* (장소)

La libro falis de la breto. (그 책이 선반에서 떨어졌다.)

The book fell from the shelf.

···로 인하여 *by* (원인)

La okulo ne satiĝas de vidado. (눈은 계속 봄으로 배불러지지
않는다.) The eye does not become sated by seeing.

Ili ebriiĝas, sed ne de vino. (그들은 취했으나 술 때문은 아니다.)

They get drunk, but not by wine.

···로 인하여 *by* (행위자)

La virineto estas amata de la princo. (그 소녀는
왕자로부터 사랑을 받았다.) *The maiden is loved by the prince.*

dum ···하는 동안 *during* (시간)

La malsanulo ne dormis dum la nokto. (환자는 밤에 잠을 못
잤다.) *The patient did not sleep during the night.*

···의 사이에 *while* (시간)

Fleksu arbon dum ĝia juneco. (나무가 어릴 때 굽혀라.) *Bend a
tree while it is young.*

ekster ···의 밖에 *outside* (장소)

La profesoro loĝas ekster la urbo. (교수님은 시외에서 사신다.)
The professor lives outside the city.

···을 빼고 *besides* (제외)

Ekster tio oni nenion vidis. (그것을 제외하고 사람들은 아무
것도 못 보았다.) *Besides that they saw nothing.*

el ···중에서 *out of, from* (장소)

La grupanoj eliris el la kunsidejo. (그 단체 회원들은 회의장을
빠져 나왔다.) *The group members came out the meeting place.*

···로부터 *from* (장소)

La studento tradukis la rakonton el la angla lingvo. (그
학생은 그 이야기를 영어에서 번역했다.) *The student translated
the story from English.*

La muzikisto venis el Vieno. (*그 음악가는 빈에서 왔다.*) *The
musician came from Vienna.*

···로부터 *from* (재료)

Japana domo estas farata el papero kaj ligno. (일본 집은
종이와 목재로 지어진다.) *A Japanese house is made of paper
and wood.*

en …의 안에 in (장소)

La policano portis mian pasporton en sia poŝo. (경찰관이 내 여권을 자신의 주머니에 넣고 갔다.)

The policeman carried my passport in his pocket.

…에 *in, on* (년월일)

Zamenhof naskiĝis en la jaro 1859. *(자멘호프는 1859년에 탄생 했다.) Zamenhof was born in the year 1859.*

…에 in (시간)

Ni naĝas ĉi tie en somero. (우리는 여름에 여기서 수영한다.)

We swim here in summer.

…에 in (상태)

La familio vivas en harmonio. (그 가족은 조화 속에 산다.)

The family lives in harmony.

ĝis …까지 *till*, until (시간)

Bonvole fartu bone ĝis la revido. (다시 만날 때까지 잘 지내.)

Please take care of yourself until we see you again.

Estos malvarmege ĝis morgaŭ. (내일까지 추울 것이다.) *It will be very cold until tomorrow.*

…까지 *up to* (장소)

Ni iris ĝis la muzeo. (우리는 박물관까지 갔다.) *We went as far as the museum.*

inter …의 사이에 *between, among* (장소)

La rivero inter du montoj fluas tre rapide. (두 산 사이의 강은 매우 빨리 흐른다.) *The river between two mountains flows very rapidly.*

…의 사이에 *between* (시간)

Ni vidos vin inter la 2-a kaj la 3-a horo. (우리는 2시부터 3시 사이에 당신을 볼 것이다.) *We will see you between 2 and 3 o'clock.*

je (의미 모호)

(시각) Ni havos la kunsidon je la 18-a horo. (우리는 18시에 모임을 가질 것이다.) *We will have the meeting at 6 o'clock p.m.*

(수량) Mi estas je du jaroj pli juna ol vi. (나는 당신보다 두 살 더 젊다.) *I am two years younger than you.*

(부정) Ŝi estas malsana je la koro. (그는 심장에 병이 있다.) *She has a weak heart.*

kontraŭ …에 대면하여 *against* (장소)

La muzeo staras kontraŭ la preĝejo. (박물관은 교회의 맞은 편에 있다.) *The museum stands against the church.*

…에 대항하여 (반대하여) *against* (반항)

Iu parolis kontraŭ lia propono. (어떤 이가 그의 제안에 반대하는 말을 했다.) *Someone spoke against his proposal.*

krom …의 외에 *besides, apart from* (제외)

Krom ŝi, neniu venis. (그녀 외에 아무도 오지 않았다.)

Besides her, nobody came.

…외에도 *besides* (첨가)

Krom la parolanto tie estis ankaŭ multaj aŭskultantoj.(연설자 외에도 많은 청중이 있었다.) *Besides the speaker, there were many listeners.*

kun …와 함께

Mi interparolis kun ŝi. (나는 그녀와 서로 말했다.)

I talked with her.

Li venis kun libro sub la brako. (그는 겨드랑이에 책을 끼고 왔다.) *He came with a book under his arm.*

laŭ …을 따라서 *along*

Li iris laŭ la rivero. (그는 강을 따라 갔다.) *He went along the river.*

…에 따라 *according to*

Laŭ ŝia diro, manĝaĵoj estas tre bongustaj ĉi tie. (그녀의 말에 따르면 이곳은 음식이 아주 맛있다.) *According to her, food is deliciuos here.*

malgraŭ …에도 불구하고 *in spite of* …

La knabino eliris malgraŭ mia malpermeso. (소녀는 내가 허락하지 않았는데도 나갔다.) *The girl went out in spite of my prohibition.*

per …으로, …에 의하여 *by, with* (도구, 수단)

Mi skribos ĝin per krajono. (나는 그것을 연필로 쓸 것이다.) *I will write it with pencil.*

…을 통하여 *through* (매개)

Ŝi sendis la leteron sekrete per la servisto. (그녀는 하인을 통해 편지를 몰래 보냈다.) *She sent the letter secretly with the servant.*

po …씩, 매… *at the rate of* (수량)

Mi legas la libron ĉiutage po 3 paĝoj. (나는 책을 매일 3페이지씩 읽는다.)

I read the book at the rate of 3 pages a day.

por …을 위하여 *for* (목적)

Ni batalos por libereco. (우리는 자유를 위해 싸울 것이다.)

We will fight for liberty.

…에게는, …한테는, *for* (대응)

Tio estas grava por la patrino. (그것은 어머니에게는 중요하다.)

It is important for the mother.

…동안 *for* (시간)

　Ŝi estis elektita por du jaroj. (그녀는 2년 동안의 임기로
　선출되었다.) *She was elected for two years.*

…에게, …을 위하여 *for* (이익)

　Li aĉetis panon por la knabino. (그는 소녀에게 빵을 사주었다.)
　He bought bread for the girl.

post … 뒤에 *after* (시간)

　Li vizitis ŝin post kvar tagoj. (그는 나흘 뒤에 그녀를
　찾아갔다.) *He visited her after 4 days.*

… 뒤에 *behind* (장소)

　Ŝi kaŝis sin post la kurteno. (그녀는 커텐 뒤에 숨었다.)
　She hid herself behind the curtain.

preter …의 곁을 지나 *past, by, beyond* (위치)

　Ŝi pasis preter mi sen saluto. (그녀는 인사도 없이 내 곁을
　지나갔다.)

　She passed me without saying "Hello".

pri … 에 대하여 *about* (관계)

　Mi parolas pri la aeroplano. (나는 비행기에 대하여 말한다.)
　I am speaking about the airplane.

pro … 때문에 *for, because of, owing to* (원인)

　Vi ne rajtas sidiĝi ĉi tie pro la manko de loko. (당신은
　장소가 없기 때문에 여기에 앉지 못한다.) *You may not sit down
　here because of the lack of space.*

sen … 없이 *without* (결여)

　Ŝi donis al mi teon sen sukero. (그녀는 나에게 설탕을 타지 않은
　차를 주었다.) *She gave me tea without sugar.*

sub …의 밑에 *under, beneath* (위치)

La rato kuras sub la lito. (쥐가 침대 밑에서 달린다.)
The rat runs around under the bed.

La rato kuras sub la liton. (쥐가 침대 밑으로 달아난다.)
The rat runs under the bed.

super ⋯의 위에 *over, above* (장소)

La aeroplano flugis super nia domo. (비행기가 우리 집 위로
날아갔다.) *The airplane flew over our house.*

⋯을 넘어서 *above* (우월)

Tio estas super mia kapablo. (그것은 내 능력 이상이다.) *That is
beyond my ability.*

sur ⋯의 위에 *on* (장소)

Ni promenis sur la strato. (우리는 거리를 걸었다.)
We walked on the street.

tra ⋯을 관통해서 *through* (통과)

Forta voko iras tra la mondo. (강한 부름이 온 세상에 퍼져
나간다.) *A strong call is spreading through the world.*

trans ⋯ 넘어서, 건너편에 *across* (장소)

Ŝi staras trans la strato. (그녀는 길 건너편에 서 있다.) *She
stands across the street.*

2) 접속사

aŭ 또는, 혹은 *or*

Ĉu vi trinkos kafon aŭ teon? (커피나 차를 드시겠습니까?)
Will you drink coffee or tea?

ĉar 왜냐하면 *because*

Ŝi ne rajtas eniri ĉi tiun ĉambron, ĉar ŝi estas tro juna. (그녀는 너무 어려서 이 방에 들어가면 안 된다.) *She may not enter this room, because she is too young.*

kaj 그리고 *and*

Mi kaj mia fianĉino restos ĉi tie. (나와 내 약혼녀는 여기에 머물 것이다.) *My fiancé and I will stay here.*

ke …라고 하는 것 *that*

Mi kredas, ke vi estas honesta. (나는 당신이 정직하다는 것을 믿는다.) *I believe that you are honest.*

kvankam (비록) …일지라도 *although*

Kvankam mi pagis tuton, ili postulis al mi pagi ankoraŭ foje. (비록 내가 전액 지불했지만, 그들은 나에게 다시 지불하기를 요구했다.)

Although I paid everything, they demanded that I pay again.

nek …도 아니고 *nor*

Mi ne ŝatas, nek amas ŝin. (나는 그녀를 좋아 하지도 사랑하지도 않는다.) *I neither like, nor love her.*

ol …보다 더 *than*

Ŝi estas pli alta ol mi. (그녀는 나보다 키가 더 크다.)

She is taller than I.

se 만약 *if*

Se vi partoprenos, mi ankaŭ ĉeestos. (만약 당신이 참석한다면, 나도 역시 참석할 것이다.) *If you participate, I will also attend.*

sed 그러나 *but*

Ŝi amas lin, sed li ne amas ŝin.(그녀는 그를 사랑하지만 그는 그녀를 사랑하지 않는다.) *She loves him, but he does not love her.*

3) 접두사·접미사

예시한 단어는 모두 상용어입니다. 외우기 바랍니다.

(1) 접두사

bo- 혼인관계 친척	bopatro 장인,시아버지	patro 아버지
dis- 분산	disvolviĝi 발전하다	volvi 감다, 말다
ek- 동작의 시작	ekveturi (여행을) 떠나다	veturi (탈것을 타고) 가다
eks- 전(前)	eksurbestro 전 시장	urbestro 시장
ge- 남녀 양성	gepatroj 부모	patro 아버지
mal- (반대말)	malbona 나쁜	bona 좋은
	malsana 병든	sana 건강한
	maldekstra 왼쪽의	dekstra 오른쪽의
	malfermi 열다	fermi 닫다
	malvarma 추운	varma 더운
	malmulta 적은	multa 많은
	malproksima 먼	proksima 가까운
	maljuna 늙은	juna 젊은
pra- 옛날의	prahomo 원시인	homo 사람
re- 다시	reveni 돌아오다	veni 오다
	revidi 다시 만나다	vidi 보다
vic- 부(副)	vicprezidanto 부회장	prezidanto 회장, 장

(2) 준접두사

al- …에게, 첨가	aldoni 추가하다	doni 주다
	allogi 유혹하다	logi 유혹하다
antaŭ- 전(前)	antaŭdiri 예언하다	diri 말하다
ĉe- …에, 가까이	ĉeesti 출석하다	esti 있다
ĉef- 우두머리	ĉefurbo 수도	urbo 도시
ĉi- 이	ĉikune 이것과 함께	kune 함께
ĉirkaŭ 주위에	ĉirkaŭbraki 포옹하다	brako 팔
de- 로부터	deveni 유래하다	veni 오다
	demeti 벗다, 떼어내다	meti 두다, 놓다

ekster- 밖의	eksterlanda 외국의	lando 나라
el- 끝내다	elĉerpi 매진하다	ĉerpi (물을) 긷다
en- 안으로	eniri 들어가다	iri 가다
for-멀리	forkuri 달아나다	kuri 달리다
inter- 사이	interparoli 대화하다	paroli 말하다
	interkonsenti 합의하다	konsenti 동의하다
	interrompi 중단하다	rompi 부수다
	interŝanĝi 교환하다	ŝanĝi 변하다
kontraŭ 로부터	kontraŭstari 반대하다	stari 서다
kun- 함께	kunsidi 회합하다	sidi 앉다
	kunveni 집회하다	veni 오다
	kunmeti 조립하다	meti 두다
laŭ …에 따라	laŭlonge 세로로	longa 긴
mem- 스스로	memstari 독립하다	stari 서다
	memlerni 독학하다	lerni 배우다
	memfidi 자신이 있다	fidi 믿다
plej- 가장	plejparte 대부분	parto 부분
pli 더	plibonigi 개선하다	bona 좋은
post 뒤의	postskribo 후기, 추신	skribi 쓰다
sen … 없이	senpaga 무료의	pagi 지불하다
sin 자신	sindonema 헌신적인	doni 주다
sub … 밑의	subtera 지하의	tero 땅
	subteni 지지하다	teni 붙잡다
tra 통과	trarigardi 통독하다	rigardi 보다
trans 옮기다	transdoni 전해주다	doni 주다
	translokiĝi 옮기다	loko 장소

(3) 접미사

-aĉ 나쁜	knabaĉo 나쁜 아이	knabo 소년
-ad 계속	paroladi 연설하다	paroli 말하다
-aĵ 물건, 사물	manĝaĵo 음식	manĝi 먹다
-an 사람, 회원	rondano 동아리회원	rondo 동아리
-ar 집단	arbaro 숲	arbo 나무
-ĉj 남자 애칭	paĉjo 아빠	patro 아버지

-ebl 할 수 있는	videbla 볼 수 있는	vidi 보다
-ec 성질, 특성	varmeco 온기	varma 따뜻한
-eg 큰, 강한	varmega 뜨거운	varma 따뜻한
-ej 장소	manĝejo 식당	manĝi 먹다
	kafejo 다방	kafo 커피
	lernejo 학교	lerni 배우다
	kuirejo 부엌, 주방	kuiri 요리하다
	necesejo 화장실	necesi 필요하다
	loĝejo 주거지	loĝi 거주하다
-em 성질, 경향	laborema 부지런한	laboro 노동
	hezitema 우유부단한	hezita 망설이는
	hontema 부끄럼 잘 타는	honti 부끄러워하다
	zorgema 세심한	zorgi 돌보다
	parolema 말 많은	paroli 말하다
	studema 공부벌레 같은	studi 공부하다
	babilema 수다스러운	babili 지껄이다
	sindonema 헌신적인	doni 주다
	singardema 조심성 많은	gardi 지키다
-er 구성분자	monero 동전	mono 돈
	programero 프로그램의 한 항목	programo 프로그램 전체
-et 작은, 약한	dometo 작은 집	domo 집
	anonceto 작은 광고	anonco 광고
-i 나라	koreio 한국	koreo 한국인
-id 자손	kokido 병아리	koko 닭
-ig 타동사	mortigi 죽이다	morti 죽다
	varmigi 데우다	varma 따뜻한
-iĝ 자동사	sidiĝi 앉다	sidi 앉아 있다
	stariĝi 일어서다	stari 서 있다
-il 도구	fotilo 사진기	foti 사진을 찍다
	skribilo 필기구	skribi 글씨를 쓰다
	sonbendilo 녹음기	sono 소리
-in 여성	fratino 자매	frato 형제
-ind 가치 있는	fidinda 신용할 수 있는	fidi 신용하다
	miranda 놀랄 만한	miri 놀라다
-ism 주의	demokratismo 민주주의	demokrato 민주주의자
-ist 종사자	kuracisto 의사	kuraci 치료하다
	oficisto 사무원	ofico 사무

-nj 여성 애칭
-obl 배(倍)
-on 분수
-op 집합
-uj 그릇, 나라

-ul …속성의 사람
-um 정해진 뜻이
없는 접미사

panjo 엄마
duobla 두 배의
kvarona 1/4의
triope 3인 1조로
monujo 지갑
Koreujo 한국
junulo 젊은이

butonumi 단추를 잠그다

plenumi 수행하다
gustumi 맛보다
foliumi 페이지를 넘기다
malvarmumi 감기 걸리다
kolumo 옷깃, 칼라

patrino 어머니
du 둘
kvar 넷
tri 셋
mono 돈
koreo 한국인
juna 젊은

butono 단추

plena 완전한
gusto 맛
folio 종이 한 장
malvarma 추운
kolo 목

4) 숙어

(1) 상관적인 것

aŭ ~aŭ … 또는 ~또는 …

ĉu ~aŭ … ~인지 …인지

ĉu ~ĉu … ~인지 …인지

Ĉu vi bonvolus ~i al mi? 저에게 ~해 주시지 않겠습니까?

jen ~, jen … 또는 ~하고, 또는 …한다.

ju pli ~, des pli… ~할수록 더 …한다(이다).

ju pli ~, des malpli … ~할수록 덜 …한다(이다).

kaj ~ kaj … ~도 …도

kiel ajn ~ 아무리 ~ 할(일)지라도

ne ~ nek… ~도 아니고 …도 아니다.

ne nur ~, sed (ankaŭ) … ~뿐만 아니라 …도 역시

ne nur ~, sole (ankaŭ) … ~뿐만 아니라 …도 역시

nek ~ nek … ~도 아니고 …도 아니다.

pli ~ ol … …보다 더 ~ 하다.

plu ne ~ 더 이상 ~ 아니다(안 한다.)

tia ~, ke … 대단히 ~해서 …이다(하다).

tia ~, kia … 대단히 ~해서 …이다(하다).

tial ke … …한 까닭으로; …의 이유로

(2) 부사적인 것

ankoraŭ ne … 아직 … 아니다(않다).

antaŭ ĉio 무엇보다 먼저

antaŭ nelonge 조금 전에

apenaŭ ne … 거의 …할 뻔하다 (=preskaŭ)

ĉiam pli (kaj pli) 점점 더

de kiam… …때부터

de kie 어디에서

de komence 처음부터

de nun 지금부터

de tempo al tempo 때때로

de tiam 그때부터

des pli 더욱 더

en la lasta tempo 최근

en la okazo 그 경우에

en tiu kazo 그 경우에

escepte se … …하는 경우를 제외하고

ĝis kiam 언제까지

ĝis nun 지금까지

inter aliaj 그중에서도, 특히

iom post iom 점점, 조금씩

jam de longe 이미 오래전부터

jam delonge 이미 오래전에

jam ne … 더 이상 …하지 않는다.

jam neniam … 다시는 …하지 않는다

jam sen tio 이미 그 밖에

je la unua fojo 처음에, 처음으로

jes aŭ ne 가부간에

ju pli … …할수록(일수록)

kapo antaŭe 머리를 앞으로 하여

kapon malsupren 머리를 숙여

kiam ajn 언제든지

kiel ankaŭ 및, 또, 와

kiel eble plej ~ 가능한 한 ~
kiel ekzemple 예를 들면
kiel jene 다음과 같이
kiel kutime 습관적으로
kien 어디로
kie(n) ajn 어디(로)든지
kio ajn 무엇이든지
kiu ajn 누구든지
krom tio 그밖에
la fundon supren 거꾸로
laŭ la lasta modo 최신 유행으로
laŭ mia opinio 내 생각으로는
laŭ ŝajno 겉보기에는
laŭ via bontrovo 당신 좋은 대로
laŭ via plaĉo 당신 좋은 대로
malgraŭ ĉio 결국
mano en mano 손에 손잡고
meti en … …안에 넣다
meti sur … …위에 놓다
ne tre … 별로 … 아니다(않다).
ne tute … 전부는 … 아니다(않다).
neniam plu … 다시는 … 않다.
okulo al okulo 마주보며
paŝo post paŝo 한 걸음 한 걸음씩
per unu fojo 한 번에
plej malfrue 늦어도
pli (aŭ) malpli 다소, 대개
pli (aŭ) malpli frue 늦든 빠르든
pli kaj pli 더욱 더
pli volonte 차라리, 오히려
plu ne … 더 이상 … 아니다
por diri la veron 사실은

por la lasta fojo 마지막으로
(por) ĉiam 항상, 영원히
(por) eterne 항상, 영원히
por tiel diri 말하자면
same kiel …와 같이
se ne 그렇지 않으면
se nur … …하기만 하면
se tamen … 예를 들어 …라면
sub la planko 몰래, 비밀리에
sub via dispono 마음대로
ŝtupo post ŝtupo 조금씩
tial ke… …하니까
tiamaniere, ke … 그렇게
tiamaniere ke … …와 같이
tie kaj ĉi tie 여기저기에
tie aŭ aliloke 여기저기에
tiel nomata 소위 ~라고 하는
tien 거기로
tien kaj reen 여기저기로
tio estas [=t.e.] 즉, 곧
tiu aŭ alia 이것인가 저것인가
tute ne … 전혀 …아니다
unu al (la) alia 서로
unu (la) alian 서로
unu(j) post alia(j) 계속해서
unu sur alia 위로 차곡차곡
unufojon por ĉiam 영원히
vizaĝo kontraŭ vizaĝo 마주 보고
vole nevole 싫든 좋든, 할 수 없이

(3) 전치사적인 것

antaŭ ol… …보다 먼저
apud de… …의 옆에
ĉirkaŭe de… …의 주위에
dank'al… …덕택에
daŭre de… …하는 동안
de ek… …부터 시작하여
de kiam… …이래
de post… …이후부터
eĉ se… 비록 …해도, …라고 해도
ek de… …부터 시작하여
eke de… …부터
en komparo kun… …와 비교하여
en la daŭro de… … 동안에
en la interno de… …의 안에서; …이
내에(시간)
en la mezo de… …도중에, …한 가운데
en la nomo de… …를 대표해서
en la okazo de… …한 경우에, 즈음하여
escepte de… …을 제외하고
flanke de… …의 옆에
for de… …에서 멀리 떨어져
ĝis kiam… …할 때 까지
interne de… …의 안에; …이내에(시간)
iom da… 약간의 …
kaŭze de… …의 이유로(원인)
kelke da… 몇 개의 …
kiel se -us. 마치 …인 것처럼
komence de… …의 처음에
kompare kun… …와 비교하여
koncerne al… …에 관하여
koncerne -n …에 관하여

kondiĉe de… …의 조건으로
kondiĉe, ke… …의 조건으로
konforme al… …에 부합하여
konsekvence de… …의 결과로
konsente kun… …에 동의하여
konsiderante, ke… …임을 고려하여
kontraŭ de… …과 상대하여.
kontraŭproporcie al… 과 반비례하여
kun escepto de… …을 제외하고
kun la kondiĉo ke… …의 조건으로
kun la preteksto, ke… …을 구실로
kune kun… …와 함께
laŭ tio se… …하는 것에 따라
laŭ longe de… …(길이)를 따라
malgraŭ (tio) ke… …함에도 불구하고
malproksime de… …의 멀리에
memore de… …을 기념하기 위하여
meze de… …의 중간에
multe da… 많은 …의
ne malpli… 더 적지 않게
okaze de … …의 경우에, …을 맞이하여
per helpo de… …의 도움으로
pere de… …을 통하여
plenbuŝo da… 한 입 가득의 …
pli(multe) da… 더 (많은) …
por ke ~u ~하기 위하여
por la unua fojo 처음으로
post kiam… …한 다음에
pretekst(ant)e, ke… …을 핑계로 하여
pretekste ke… …을 구실로
pro la bono de … …의 행복을 위하여
pro manko de… …이 부족하여

pro memoro de… …의 기념으로
pro tio ke… …하기(이기) 때문에
proksime al… …의 가까이에
proksime de… …의 가까이에
proporcie al… …에 비례하여
rilate al… …에 관하여
same kiel… …와 같이

se tamen… 비록 …더라도
simile al… …에 비슷하게
sub de… …의 아래에
sub la aŭspicio(j) de… …의 후원으로
supozinte ke… …라고 가정하여
tiamaniere ke… …와 같이
tuj (post) kiam… …하자마자

5) 약어 일람표

E=Esperanto; E-a=Esperanta; E-ista=Esperantista

Ak.	Akademio 학술원	**IKU**	Internacia Kongresa
anst.	anstataŭ 대신에		Universitato 국제대회대학
atm.	antaŭtagmeze 오전	**il.**	ilustrita 삽화가 있는
bv.	bonvolu 아무쪼록	**ISAE**	Internacia Scienca
ĉ.	ĉirkaŭ 주위에		Asocio E-ista 에스페
D.	Delegito 대표자		란티스토국제과학협회
D-ro	Doktoro 박사, 의사	**JEI**	Japana E-Instituto
EAŬ	E-ista Asocio de		일본에스페란토협회
	Ŭonbulismo	**k.**	kaj 그리고
	원불교에스페란토회	**k.a.**	kaj aliaj 기타
ekz.	ekzemple(ro) (책) 권	**k.c.**	kaj ceteraj 기타
eld.	eldoninto 발행자	**K-do**	Kamarado 동지
EPA	E-Populariga Asocio	**KEA**	Korea E-Asocio
	de Oomoto		한국에스페란토협회
	오오모토 E 보급회	**KKK**	Konstanta Komitato
FD	Fakdelegito		de la Kongresoj
	전문분과 대표자		상설대회위원회
F-ino	Fraŭlino …양	**KLEG**	Kansaja Ligo de
i.a.	inter aliaj 특히		E-istaj Grupoj
IEMW	Internacia E-Muzeo		간사이에스페란토연맹
	en Wien 빈국제에스		
	페란토박물관		

kp.	komparu 비교하라	S-ano	Samideano 동지
k.s.	kaj similaj 기타	SAT	Sennacieca Asocio
k.t.p.	kaj tiel plu 기타 등등		Tutmonda
LK	Lingva Komitato		세계무민족성협회
	언어위원회	SEK	Seula Esperanto-
LKK	Loka Kongresa Komi		Kulturcentro
	tato 현지대회위원회		서울에스페란토문화원
MEM	Mondpaca E-ista Mo	sekr.	sekretario 비서
	vado 세계평화에스페	S-ino	Sinjorino ~부인
	란티스토 운동	S-ro	Sinjoro ~씨
p.	paĝo 쪽, 페이지	t.e.	tio estas
P.I.V.	Plena Ilustrita Vor-		즉, 바꾸어 말하면
	taro 완전도해사전	t.n.	tiel nomata 소위
p.k.	poŝtkarto 엽서	TEJO	Tutmonda E-ista Ju-
p.m.	poŝtmarko 우표		nulara Organizo
proks.	proksimume		세계에스페란티스토
	대개, 거의		청년조직
P.S.	Posta Skribo	UEA	Universala E-Asocio
	추신, 덧붙임		세계에스페란토협회
ptm.	posttagmeze 오후	UK	Universala Kongreso
P.V.	Plena Vortaro 대사전		de Esperanto
red.	redaktoro 편집자		세계에스페란토대회
	redakcio 편집부	UNo	Unuigitaj Nacioj
rim.	rimark(ig)o 주		국제연합
rpk.	respondkupono	vd.	vidu …을 볼 것
	반신용 우표	Z	Zamenhof 자멘호프

4. 제2장의 단어집 (665개. 파생어·합성어를 빼면 505개)

* 표시를 한 단어는 Tisljar 가 연구한 에스페란토 회화에 자주 나오는 기본
어근 467 개에 들어 있는 것이다. 파생어·합성어는 당연히 포함되지 않은
것이다. 회화에서 사용빈도가 높은 단어들이므로 초보자는 * 표시 있는
단어를 우선으로 암기하는 것이 좋다.

*aĉet-i	사다	*am-i	사랑하다
adiaŭ	잘 가라, 잘 있어	*amik-o	친구
adres-o	주소	am-ind-a	사랑스러운
aer-o	공기	am-o	사랑
aeroplan-o	항공기	*ankaŭ	…도 역시
afablec-o	친절성, 상냥함	*ankoraŭ	아직
*afer-o	사건	ankoraŭ-foje	한 번 더
ag-i	행하다, 행동하다	anonc-i	알리다
agrabl-e	유쾌한, 기분 좋은	anstataŭ	…의 대신에
aĝ-o	연령	*antaŭ	…의 앞에
ajn	…든지	antaŭ-hieraŭ	그제
akceptej-o	접수처	antaŭ-tag-	오전에
*akcept-i	받다, 접수하다	mez-e	
akv-o	물	*ant-o	…하는 사람
*al	…에게	aparten-i	…에 속하다
al-don-i	추가하다	apenaŭ	겨우; …하자마자
*ali-a	다른	apetit-o	식욕
ali-manier-e	다른 방법으로	April-o	4 월
alkohol-aĵ-o	알코올 음료	aprobit-a	찬성한
alt-a	높은	arb-o	나무
al-ven-i	도착하다	*atend-i	기다리다
al-ven-o	도착	*atent-i	주의하다
ambaŭ-flanke	양쪽에	*aŭ	또는

*aŭskult-i	듣다, 경청하다	*cel-o	목적
aŭtobus-o	버스	*cent	백
*aŭt(omobil)-o	자동차	centimetr-o	센티미터
*av-o	할아버지	centr-o	중심
baldaŭ	곧	*cert-e	확실히
banan-o	바나나	ci	너, 당신(2인칭)
bank-o	은행	*ĉambr-o	방
baston-o	막대기	*ĉar	왜냐하면
beb-o	어린아이	*ĉarm-a	매력 있는
*bedaŭr-i	유감으로 생각하다	*ĉe	…에, …에서,
	후회하다		…에 있어서
*bel-a	아름다운	ĉe-est-i	출석하다
*bel-e	예쁘게	*ĉeval-o	말
*bezon-i	필요로 하다	*ĉi	이, 이곳의
*bezon-o	필요	ĉiĉeron-o	관광안내원
bicikl-o	자전거	ĉiel-o	하늘
*bild-o	그림	*ĉio	모든 것
bilet-o	표, 입장권	ĉirkaŭ	약, ~의 주위에
bird-o	새	*ĉiu	모든 사람
blank-a	하얀	ĉiu-tag-e	매일
blu-a	푸른	*ĉu	…?
*bon-a	좋은, 착한	da	…의(량)
bon-gust-a	맛있는	danc-o	춤
*bon-o	선, 좋은 것	*dank-i	감사하다
bon-ven-o	환영	dank-ind-e	고맙게 여겨
bon-vol-e	아무쪼록	*dank-o	감사
bon-vol-i	기꺼이~하다	dat-o	날자
brak-o	팔	daŭr-ig-i	계속시키다
bril-i	빛나다	*de	…의
buter-o	버터	Decembr-o	12월
buton-o	단추	*dek	열

dekstr-e	오른쪽에	elektr-ej-o	발전소
*demand-i	질문하다	elektr-o	전기
de-nask-a	태어날 때부터의	elektr-o-	전기모터
*dev-i	해야 한다	motor-o	
*dev-o	의무	elektr-o-	전기 치료
*dezir-i	바라다, 원하다	terapi-o	
diligent-e	부지런히	*en	…의 안에
dimanĉ-o	일요일	en-ir-i	들어가다
di-o	신, 하나님	en-verŝ-i	붓다
*dir-i	말하다	erar-i	틀리다, 실수하다
*do	그렇다면, 그러면	esper-ant	에스페란티스토
doktor-o	박사, 의사	-ist-o	
*dom-o	집	Esper-ant-o	에스페란토
*don-i	주다		희망하는 사람
*dorm-i	잠자다	*esper-i	희망하다
dram-o	극, 드라마	*esper-o	희망
*du	둘	*est-i	있다, 이다
du-a	제2의	*estr-o	장, 수령
*dum	…하는 동안(기간)	etern-a	영원한
du-obl-a	두 배의	*facil-a	쉬운
du-on-a	절반의	facil-e	쉽게
du-on-e	절반에	*fakt-e	사실상
du-on-o	이분의 일	fal-i	떨어지다
du-op-a	둘씩의, 2인 1조의	fam-e-kon-at-a	유명한
*ebl-e	아마도	*famili-o	가족
*edz-o	남편	*far-i	만들다
ek-ir-i	출발하다	fart-i	지나다, 살아가다
*ekskurs-o	소풍	feliĉ-a	행복한
ekster-e	밖에	fer-o	철
ek-vetur-i	(탈것으로) 출발하다		
*el	…안에서, …로부터		

fer-voj-o	철도	glas-o	컵
fervor-a	열심인	glob-o	공, 지구
fil-in-o	딸	gratul-o	축하
fil-o	아들	*grup-o	집단
*fin-i	끝내다	gvid-ant-o	지도자
fin-iĝ-i	끝나다	ĝarden-o	정원, 뜰
fiŝ-o	물고기	ĝen-i	괴롭히다
flav-a	노란	*ĝi	그것
flor-o	꽃	*ĝi-a	그것의
flug-haven-o	공항	*ĝis	…까지
flug-i	날다	ĝoj-a	기쁜, 즐거운
*foj-o	번, 차, 회	ĝoj-i	기뻐하다
*forges-i	잊다, 망각하다	ĝu-i	즐기다
for-ir-i	가버리다, 떠나다	*ĝust-e	정확히, 바로,
*fort-a	힘 센, 강한	hal-o	강당, 홀
*fot-i	사진 찍다	halo-o	여보세요
fot-o	사진	halt-i	정지하다, 서다
frat-ar-o	동포	*hav-i	가지다
frat-o	형제	*hejm-e	가정에
fraŭl-in-o	양, 처녀	*help-i	돕다
freŝ-a	신선한	*help-o	도움, 원조
fung-o	버섯, 곰팡이	*hieraŭ	어제
funkci-i	기능하다	Hispan-i-o	스페인
gazet-o	잡지	histori-o	역사
ge-edz-iĝ-i	결혼하다	ho	오(감탄사)
ge-frat-oj	형제자매	*hodiaŭ	오늘
ge-patr-oj	부모, 양친	hom-ar-o	인류

*hom-o	사람, 인간	*je	(만능 전치사)
*hor-o	시간	*jes	예
*hotel-o	호텔	juli-o	7월
hund-o	개	ĵurnal-o	신문
ĥor-o	코러스	ĵus	금방, 막, 지금
iĝ-i	되다, …지다	kaf-o	커피
	(자동사 어미)	kaĝ-o	새장
*ili	그들	*kaj	그리고, ~과
impres-o	인상	kajer-o	공책
inaŭgur-o	개회식	kaj-o	부두, 플랫폼
*infan-o	어린이	kalendar-o	달력
inform-il-o	통지서	*kant-i	노래하다
instru-i	가르치다	*kanto	노래
instru-ist-o	교사	*kapt-i	붙잡다
*inter	…의 사이에(위치)	karto	카드
inter-naci-e	국제적으로	kat-o	고양이
*invit-i	초청하다	*ke	…라고 하는 것
*iom	다소, 얼마간	*kelk-e	몇 개, 약간
iom-et-e	조금	*kia	어떤
*ir-i	가다	*kial	왜
*iu	누구	*kiam	언제
*jam	벌써	kia-manier-e	어떤 방법으로
japan-a	일본의	*kie	어디에
japan-in-o	일본 여성	*kiel	어떻게
Japan-i-o	일본	kies	누구의
jar-aĝ-a	…세의	kilo-metr-o	킬로미터
*jaro	해(年)	*kio	무엇

kiom-a	얼마큼의	*kun	…와 함께
*kiu	누구	kun-e	함께
klas-o	학급, 계급	kun-sid-i	집회하다
*klopod-i	노력하다	kun-sid-o	집회
knab-in-o	소녀	kurac-i	치료하다
*knab-o	소년	kurac-ist-o	의사
komenc-ant-o	초보자	kuraĝ-e	용기를 가지고
*komenc-i	시작하다	*kur-i	달리다
komenc-iĝ-i	시작되다	kurs-o	강습회
kompat-ind-a	동정할 만한	*kvar	4
komplez-i	호의를 베풀다	kvar-a	제4의
komplez-o	호의, 친절	kvazaŭ	마처와 같이
kompliment-o	경의, 찬사	*kvin	다섯(5)
kompren-ebl-e	물론	*la	(관사)
*kompren-i	이해하다	*labor-i	일하다
komunik-i	전하다	labor-o	일, 노동
kon-at-iĝ-i	알게 되다	*land-o	나라, 토지
kongres-ej-o	대회장	*laŭ	…에 따라
kongres-kart-o	대회참가증	*leg-i	읽다
kongres-libr-o	대회편람	lern-ant-o	학습자, 학생
kongres-numer-o	대회참가번호	*lern-i	배우다
*kongreso	대회	lert-a	능숙한
kon-i	알다	leter-o	편지
korespond-i	펜팔하다	*li	그이
kor-a	마음의	liber-a	자유로운
*kost-i	(비용) 들다	liber-ec-o	자유
krajon-o	연필	*libr-o	책

libro-serv-o	도서판매	manĝ-i	먹다
*lig-o	연맹	man-o	손
*lingv-o	언어	mar-o	바다
list-o	리스트	marŝ-i	행진하다, 걷다
loĝ-ant-o	주민	maten-o	아침
*loĝ-i	거주하다	mem	자신
lok-o	장소	membr-o	회원
London-o	런던	*mem-lern-i	독학하다
*long-a	긴	memor-i	기억하다
*long-e	길게	*mend-o	주문
*long-o	길이	mensog-i	속이다
*lud-i	놀다	*mesaĝ-o	메시지
luks-a	화려한	metr-o	미터
mal-dekstr-e	왼쪽에	mi	나
mal-facila	어려운	mil	천
mal-ferm-i	열다	milion-o	백만
mal-fru-a	늦은	*mineral-a	광물질의
mal-fru-e	늦게	minut-o	분
mal-fru-iĝ-i	늦어지다	moment-e	잠시, 순간에
mal-ĝust-a	틀리는	moment-o	순간
mal-mult-a	적은	mond-o	세계
mal-pli	더 …못한	mon-o	돈
mal-prav-a	부당한, 틀린	mont-o	산
mal-san-et-a	잔병 있는	montr-i	보여 주다
mal-san-iĝ-i	병들다	*mon-uj-o	지갑
mal-sat-a	배고픈	morgaŭ	내일
manĝ-ej-o	식당	morgaŭ-a	내일의

mort-i	죽다	*nul-ig-i	취소하다
*mult-e-kost-a	값비싼	*nul-o	영, 무
*mus-o	생쥐	numer-o	번호
*muze-o	박물관	nun	지금
muzik-o	음악	nur	다만, 오직 …뿐,
naci-o	국가, 민족	*ofic-ist-in-o	여사무원
*naĝ-ej-o	수영장	*oh	아(감탄)
naĝ-i	헤엄치다	ok	여덟(8)
*naĝ-vest-o	수영복	okaz-i	발생하다
*naskiĝ-tag-o	생일	okul-o	눈
naŭ	아홉(9)	oni	일반사람
ne	아니	onkl-o	숙부
neĝ-o	눈(雪)	ord-o	순서, 질서
ne-i	부정하다	*organizant-o	조직자, 관계자
*nek	…도 아니다	*orient-e-n	동쪽으로
neniam	어느 때도 …않다	or-o	황금
neniel	결코 …않다	ov-o	계란, 알
nenio	아무것도 …않다	pag-i	(돈을) 지불하다
neniu	아무도 없다	paĝ-o	페이지
*neŭtral-ec-o	중립성	*pak-aĵ-o	소포, 짐, 화물
ni	우리	pan-o	빵
nokt-o	밤	paper-o	종이
nom-o	이름	*paper-sak-o	종이봉지
nord-a	북쪽의	*Pariz-o	파리
nov-a	새로운, 새	pardon-i	용서하다
nov-e	새롭게	pardon-o	용서
nu	자, 어머, 원,	park-o	공원

*parol-ad-o	연설	pom-o	사과
*parol-ant-o	연설자, 연사	popol-o	민중
parol-i	말하다	por	…를 위하여
*part-o-pren-i	참가하다	pord-o	문
paŝ-i	걷다	port-i	나르다, 입고 있다
*patr-in-o	어머니	post	…의 뒤에
patr-o	아버지	post-e	뒤에
*pec-et-o	조각	*post-morgaŭ	모레
per	…를 사용하여	*post-tag-mez-e	오후에
*per-ant-o	중개자, 대리인	*poŝt-kart-o	우편엽서
perd-i	잃다	pov-i	… 할 수 있다
permes-i	허가하다	prefer-i	선호하다
person-o	개인	preĝ-ej-o	교회
pet-i	청하다	premi-o	상
*pied-ir-i	걷다	pren-i	잡다, 쥐다
pied-o	발	preskaŭ	거의
plaĉ-i	마음에 들다	*prezid-ant-o	사회자, 회장
plaĉ-o	마음에 듦	prez-o	값, 가격
plej	가장 …	pri	…에 관하여
*plej-part-e	대부분은	pro	… 때문에
*plezur-o	기쁨	program-o	프로그램
pli	더 …	*promen-i	산책하다
plu	더 오래(멀리)	propagand-i	선전하다
*plum-amik-o	펜팔	*prunt-e-don-i	빌려주다
*plum-o	펜	*prunt-e-pren-i	빌리다
pluv-i	비 내리다	punkt-o	점
po	…씩	puŝ-i	밀다

rabat-o	할인	ruĝ-a	붉은
rajt-i	권리가 있다	sabat-o	토요일
rajt-o	권리	sal-o	소금
rakont-i	이야기하다	salon-o	살롱, 대청
rapid-e	빨리	salut-o	인사, 경례
rapid-i	서두르다	san-o	건강
*rat-o	쥐	sat-a	배부른
*reciprok-e	서로	*sat-iĝ-i	배불러지다
*re-don-o-mon-o	거스름돈	sci-i	알다
*Rejn-o	라인강	*sci-ig-i	알리다
renkont-i	만나다	se	만약 …하면
*renkont-iĝ-i	모이다	sed	그러나
respond-i	대답하다	seĝ-o	의자
rest-i	남다	*sekv-ant-a	다음의
restoraci-o	식당	sekv-i	따르다
*re-ven-i	돌아오다	send-i	보내다
*re-vid-i	다시 만나다	*sen-fin-e	끝없이
*re-vid-o	재회	*sen-halt-e	쉬지 않고
*re-vizit-i	다시 방문하다	sep	일곱(7)
ricev-i	받다	serĉ-i	찾다
*riĉ-a	부유한	serv-i	봉사하다
rid-i	웃다	serv-o	봉사
rigard-i	바라보다	ses	여섯(6)
rimark-i	주의하다	si	자신
river-o	강	si-a	자신의
*romp-iĝ-i	깨지다	sid-i	앉아 있다
rond-o	동아리	*sid-iĝ-i	앉다

sign-o	표시, 사인	ŝu-o	구두, 신발
*silent-i	침묵하다	tabel-o	표
sinjor-o	신사	*tabl-o	책상, 테이블
skatol-o	상자	*tag-manĝ-o	점심식사
skrib-i	쓰다, 적다	*tag-mez-o	정오
*skrib-il-o	필기용구	*tag-o	낮, 날
*soif-a	목마른	*taksi-o	택시
*sonĝ-o	꿈	tamen	그렇지만
spert-o	경험	*tas-o	잔, 컵
*staci-dom-o	역사	ted-i	싫증나게 하다
*standard-o	깃발	telefon-i	전화하다
*star-iĝ-i	일어서다	telefon-o	전화
stomak-o	위(胃)	teler-o	접시
strat-o	거리, 가로	*televid-il-o	텔레비전
*student-in-o	여대생	temp-o	시간
student-o	대학생	ten-i	붙잡다
sud-a	남쪽의	*tenis-o	테니스
sufiĉ-i	충분하다	te-o	차
sun-o	해, 태양	teler-o	접시
supoz-i	가정하다	*ter-glob-o	지구본
sur	… 위에	tia	그러한
ŝajn-i	…인 듯하다	tial	그 때문에
ŝanĝ-i	변하다	tie	그곳에
ŝat-i	좋아하다	tiel	그렇게
ŝi	그녀	tie-n	그곳으로
*ŝlos-il-o	열쇠	tim-i	두려워하다
*ŝtel-ist-o	도둑	tio	그것

tiom	그만큼(의)	unu-ig-it-a	통일된
tiu	그 사람(일)	unu-o	단위
*Toki-o	도쿄	unu-vort-e	한 마디로
*tost-o	건배	urb-o	도시
tra	…을 통하여	urs-o	곰
traduk-o	번역	uz-ad-o	상용(常用)
*trans-don-i	전달하다	uz-i	사용하다
tre	매우	*vagon-ar-o	열차
tri	셋(3)	valiz-o	여행가방
tri-a	셋째의	van-a	헛된
*trink-aĵ-o	음료	*Varsovi-o	바르샤바
trink-i	마시다	*vegetar-an-o	채식주의자
tri-o	세 개 한조	*vek-iĝ-i	잠깨다
*tri-op-e	3 인조로	vend-i	팔다
tro	너무	ven-i	오다
trov-i	발견하다	*ven-ont-a	다음의
*trov-iĝ-i	존재하다	ver-a	참된
tuj	곧	*verd-a	초록의
*turn-iĝ-i	방향을 바꾸다	*ver-dir-e	사실을 말하자면
tuŝ-i	만지다, 닿다	ver-e	참으로, 정말로
tut-a	모든	verk-i	저술하다
tut-e	전부	*vesper-manĝ-o	저녁식사
universal-a	전세계의	vesper-o	저녁
universitat-o	종합대학교	vetur-i	(탈것) 타고 가다
unu	하나(1)	vi	당신
unu-a	첫째의	vi-a	당신의
unu-e	첫째로	*viand-o	고기

vid-i	보다	vojaĝ-o	여행
*vigl-e	활발히	voj-o	길
vin-o	포도주	vol-i	…하고 싶다
*vir-in-o	여성	vol-o	의욕
vir-o	남성	*volont-e	기꺼이
*vizit-ad-i	계속 방문하다	*vort-ar-o	사전
vizit-i	방문하다	*vort-o	단어
vojaĝ-i	여행하다	zorg-o	돌봄, 배려, 근심

[부록] 더 배우고 싶은 사람을 위한 참고도서

1. 에스페란토 전체에 대한 안내서

★ 마영태 지음 《에스페란토 편람》
덕수출판사(서울), 286p, 2007, 11,000원
[에스페란토의 모든 것에 대한 미니 백과사전]

★ 르네상티 외 지음 《바벨탑에 도전한 사나이》
한국외국어대출판부, 328p, 2005, 12,000원
[자멘호프의 전기. "에스페란토의 사상을 이해하는데 아주 훌륭한 자료"
라고 움베르토 에코가 추천한 책.]

★ 울리히 린스 지음 《위험한 언어》
갈무리, 628p, 30,000원
[1887년 탄생 이후 소련, 독일, 중국, 일본, 조선, 대만 등 전 세계에서
에스페란토가 겪어온 유혈적 탄압의 역사]

★ 한국에스페란토협회 편 《에스페란토와 나 (1권)》
한국 에스페란토협회, 296p, 2011, 15,000원
[39명이 에스페란토를 배우게 된 사연과 세계인들과 통역 없이 대화하며
인류인으로 살아 온 경험담]

★ 한국에스페란토협회 편 《에스페란토와 나 (2권)》
한국에스페란토협회, 172p, 2017, 12,000원
[1권에 이어 18명이 풀어 놓은 세계어 세계에서의 좌충우돌한 이야기보따
리]

★ 이종영 지음 《한국 에스페란토 운동 80년사》
한국에스페란토협회, 2003, 무료(전자책)
(https://books.google.co.kr/books?id=vGZqDwAAQBAJ)

2. 사전

★ 이재현 편저 《에스-한, 한-에스 사전(합본)》
자유문고, 820p, 2001, 20,000원
[우리나라 최초의 에스페란토 사전. 휴대 간편]

★ 마영태 편저 《에스페란토-한국어 대사전》
덕수출판사, 1073p, 1994, 25,000원
[Plena Ilustrita Vortaro를 저본으로 한 최대의 에스-한 사전]

★ 마영태 편저 《에스페란토-한국어 소사전》
신천지, 730p, 1995, 15,000원
[대사전을 휴대하기 간편하게 만든 사전]

★ 마영태 편저 《한국어-에스페란토 대사전》
동명출판사, 1027p, 1998, 25,000원
[최대의 어휘를 자랑하는 한-에스 사전]

★ 마영태 편저 《영-한-에스 사전》
명지출판사, 600p, 2011, 40,000원

★ Waringhien,G. "Plena Ilustrita Vortaro de Esperanto"(PIV)
SAT(Parizo), 1,265p. 2020
[최대, 최고의 에스-에스어 사전]

★ Wells,J.C. "English-Esperanto-English Dictionary"
Mondial (New York), 2010, 27.90유로(UEA 주문)
[에스-영, 영-에스 표제어 3만의 간결한 사전]

★ 온라인 사전: 한국에스페란토협회 홈페이지
(www.esperanto.or.kr)에서 이재현, 마영태 두 분의 사전 등 이용 가능

3. 학습서, 인터넷 강의

★ 이중기 《인터넷 시대의 국제어 에스페란토 입문》
에스페란토문화원, 250p, 2012, 20,000원
[문법, 기초회화연습, 자멘호프 전기, 에스-한,한-에스 단어장을 포함한
입문서]

★ 이영구 《첫걸음 에스페란토》
한국외국어대출판부, 226p, 2020, 15,000원
[문법과 단어장 외에 에스페란토 문화를 소개하는 입문서]

★ 조성호 지음 《에스페란토 기초 강습서》
한국에스페란토협회, 2002, 45p, 4,000원
[간결한 예문과 설명을 특징으로 하는 입문서; 허성 선생이 1~6과를
강의한 동영상이 유튜브에 있음]

★ 박기완 지음 《에스페란토 인터넷 100강》 무료 인터넷 강좌
https://books.google.co.kr/books?id=oexADAAAQBAJ
[간단하면서도 애매한 일상회화를 에스페란토로 번역하면서 문제풀이
형식으로 문법을 설명한 원격강좌]

★ Duolingo en.duolingo.com
무료외국어학습 앱. 게임식으로 배우는 에스페란토. 단, 영어나
스페인어로 설명. 2015년 영어-에스페란토 학습 서비스 개시 후 2년
만에 60만 명이 에스페란토 학습.

에스페란토 도서 구입 안내

에스페란토 도서는 교보문고 등 대형 서점에서 구매할 수 있습니
다. 그러나 온·오프라인 서점에서 취급하는 도서의 종류가 많지
않습니다.
아래 주소로 방문 또는 문의하시면 판매 중인 다양한 에스페란토
도서와 잡지를 구매할 수 있습니다.
서울, 부산, 광주 등 전국 지부·지회의 강습회와 활동에 대한 안내
도 받으실 수 있습니다.

(사)한국에스페란토협회(Korea Esperanto-Asocio)
(주소) 04558 서울특별시 중구 퇴계로 217, 464호(충무로4가)
(전화) 02-717-6974
(팩스) 02-717-6975
(전자우편) kea@esperanto.or.kr
(누리집) www.esperanto.or.kr

에스페란토 학습 안내

1. 대학교

한국외국어대학교(서울캠퍼스, 용인캠퍼스)와 경희대학교(서울캠퍼스, 수원국제캠퍼스)에서는 매학기 정규 교양과목으로 수강하여 학점을 받을 수 있습니다.

2. 한국에스페란토협회

한국에스페란토협회(www.esperanto.or.kr)에서는 매년 봄·가을 두 차례에 걸쳐 합숙교육을 합니다. 초보자를 위한 입문반부터 중급, 고급에 이르기까지 다양한 과정이 있습니다. (1박 2일)

부산지부: 부산대학교 평생교육원에서 초급반을 진행합니다.

대구지부: 매년 봄·가을 1박 2일 과정의 '남강에스페란토학교'를 열어 초급반, 중급반, 회화반 등 다채로운 프로그램을 진행합니다.

그 밖의 전국 지부·지회에서 수시로 입문 강좌를 개최합니다.

3. 서울에스페란토문화원

서울에스페란토문화원(www.esperanto.co.kr)에서는 매월 입문반 강좌를 개최하고(2018.12. 321기 예정) 중급반, 고급반 등 계속 학습을 위한 강좌를 운영합니다.

4. 온라인 강좌

"초급 에스페란토 강좌"(조성호 교재; 허성 강의)를 유튜브에서 시청할 수 있습니다. lernu.net은 한국어를 포함한 여러 언어로 에스페란토를 학습하는 웹사이트입니다.

강습에 관한 문의는 한국에스페란토협회 사무국으로 연락주시면 친절히 안내해드립니다. (연락처: 도서구입 안내 참조)

권말 종합 연습문제(각 1점, 25번 26점, 100점 만점) 참조 페이지

1 세계에는 몇 종류의 언어가 사용되고 있습니까?   6,22
2 에스페란토는 민족어를 그만두고 국제어만의 세계를   21
   만들려고 하고 있습니까?
3 창안자 자멘호프가 태어난 마을 비얄리스토크는 어느   20
   나라에 있습니까?
4 창안자 자멘호프의 태어난 해와 사망 연도를 알고 있   20
   습니까?
5 에스페란토의 창안이 발표된 것은 몇 년도의 일입니   21
   까?
6 자멘호프보다 먼저 세계어를 생각한 철학자 2명은 누   23
   구인가요?
7 현재 에스페란토 통용 인구는 전 세계적으로 몇 명 정   24
   도인가요?
8 영어 사용 인구는 몇 명 정도인가요?   25
9 세계 인구는 몇 명입니까?   25
10 세계 인구 중 영어 사용 인구는 몇 % 정도입니까?   25
11 세계에서 에스페란토 운동의 중심적인 단체명을 적으   28
   시오.
12 유네스코와 에스페란토는 어떤 관계에 있습니까?   28
13 안서 김억 선생이 한국에서 에스페란토를 보급하기 시   29
   작한 연도는?
14 한국에서 에스페란토를 보급하기 위해 활동한 사람의   29
   이름을 3명 적으시오.
15 에스페란토로 번역된 세계 문학 작품 3개 이상 적으   33
   시오.
16 최초의 에스페란토 원작 문학 작품의 이름 2개를 적   33

으시오.

14) La bebo povas paroli iomete. 77

15) Ni marŝu kune al la urbodomo. 78

16) La instruistino staranta apud la aŭto estas 81
ĉarma.

17) Kurante sur la strato, lia hundo vidis 81
katon.

18) Lia sekreta letero estis ricevita de lia 82
malamiko.

19) Mi laboris tre diligente por la 84
Esperanto-klaso.

20) Venu ĉi tien! 85,93

21) Bonvole rakontu pri ŝi. 88

22) Je la dek tria ni fermos ĉi kunsidon. 90

23) Ni dormadis ses horojn. 95

24) La knabino kuris en la domon. 94

25) Mi manĝas nek fiŝon, nek viandon. 98

26) Ĉu mi rajtas demandi vian nomon? 102

27) Ĉu vi amas glaciaĵon? 102

28) Kion vi rigardas? 104

24 ( )안에 단어를 넣어 문장을 완성하시오.

1) 나와 내 딸은 에스페란티스토이다. 58
Mi kaj ( ) filino estas ( ).

2) 나는 그녀를 학생으로 알고 있다. 59
Mi scias ( ) kiel ( ).

3) 나는 세 채의 빨간 집을 샀다. 54,61,
Mi aĉetis tri ( ) domojn. 64,74

4) 그녀는 그이보다 쉽게 테니스를 한다. 73,84
Ŝi ludas tenison pli ( ) ol li.

5) 1996년　　　　　　　　　　　　　　　　　64
   mil naŭcent naŭdek ( ) jaro
6) 오늘은 4월 15일이다.　　　　　　　　　65
   ( ) estas la dek ( ) tago ( ) Aprilo.
7) 지금 몇시입니까?　　　　　　　　　　　65
   ( ) horo ( ) ( )
8) 나는 그들을 잘 알고 있다.　　　　　　68
   Mi ( ) ( ).
9) 그는 자기의 이름을 썼다.　　　　　　69
   Li skribis ( ) nomon.
10) 이 집회는 15시에 마치게 될 것이다.　74
   Ĉi kunsido finiĝos ( ) la dek ( ) horo.
11) 그는 대회에 참가할지도 모른다.　　　75
   Li ( ) en la kongreso.
12) 그녀는 그 책을 읽어야 한다.　　　　77
   Ŝi devas ( ) la libron.
13) 함께 먹읍시다.　　　　　　　　　　　78
   Ĉu ni kune ( )!
14) 그를 가게 하세요.　　　　　　　　　78
   Li ( ).
15) 다음에 오는 택시는 초록색이다.　　　80
   ( ) taksio estas ( )
16) 그 산을 보면서 나는 달렸다.　　　　81
   ( ) la monton, mi ( ).
17) 그들은 어디에 갑니까?　　　　　　　85
   ( ) ili iras?
18) 물 한잔 주세요.　　　　　　　　　87,88
   ( ) al mi glason ( ) akvo, mi petas.

19) 몇 시에 그가 돌아올까요?   87,88
    ( ) ( ) horo li revenos?

20) 그는 8시에 돌아왔다.   93
    Li revenis la ( ) horon

21) 그 고양이는 집 안으로 달려 들어갔다.   94
    La kato kuris en la ( ).

22) 그는 한번도 웃은 일이 없다.   98
    ( ) li ridis

23) 그 개는 사과도 귤도 먹지 않는다.   98,99
    Tiu ĉi hundo ( ) manĝas pomon,
    ( ) oranĝon.

24) 당신은 에스페란토를 빨리 말할 수 있는가?   102
    ( ) vi povas ( ) Esperanton rapide?

25 다음 편지를 번역하시오.

15 Dec. 2015

Estimata S-ro Jansen

Mi vidis vian artikolon pri la Elektronika Vortaro en la gazeto "Monato". Mi deziras korespondi kun vi pri la rilataj aferoj. Mi havas intereson pri kulturo en fremdlando, precipe pri la malsameco de kutimoj en ĉiutaga vivo. Mi estas tridek-ok-jara korea instruisto en la korea mezlernejo. Mi loĝas en Seulo kun la gepatroj kaj la edzino. Mia hobio estas komunikado kun tutmondaj instruistoj. Mi kunmetas kelkajn fotojn de korea pejzaĝo.

Salutante kaj bondezirante vin,

Helo Kim